U0928209

书有道 • 阅无界

策划出品 | YUEKE 阅客

穿过岁月的葫芦

秦蓝 著

羊城晚报出版社
·广州·

图书在版编目（CIP）数据

穿过岁月的葫芦 / 秦蓝著 . — 广州 : 羊城晚报出版社，2018.5

ISBN 978-7-5543-0568-3

Ⅰ . ①穿… Ⅱ . ①秦… Ⅲ . ①散文集 – 中国 – 当代Ⅳ . ① I267

中国版本图书馆 CIP 数据核字（2018）第 072321 号

穿过岁月的葫芦

Chuanguo Suiyue De Hulu

责任编辑 张灵舒

责任技编 张广生

装帧设计 阅客 · 书筑设计

责任校对 杨　群

出版发行 羊城晚报出版社

（广州市天河区黄埔大道中 309 号羊城创意产业园 3-13B　邮编：510665）

发行部电话：（020）87133824

出 版 人 吴　江

经　　销 广东新华发行集团股份有限公司

印　　刷 广州广禾印刷有限公司

规　　格 889 毫米 ×1194 毫米　1/32　印张 8.75　字数 88 千

版　　次 2018 年 5 月第 1 版　　2018 年 5 月第 1 次印刷

书　　号 ISBN 978-7-5543-0568-3

定　　价 39.00 元

代序

写作，是她避开尘世喧嚣后的一种自在

◎阿樱

有这样一个聪慧而美丽的女子——她是如此倾心于别致且激扬的文字，如此善于内敛与释放；她洞悉古今，常常寄情于山水之间，并用自己的思考和情怀建构一些非人间的东西。在她的文字里充满对自然和人类以及历史的尊敬：那些兵马俑会疼痛、秦皇陵里也有人生的感悟和叹息、秦淮河畔的风里有历史的馨香，香山的红叶和惠州西湖畔的木棉有着一些血脉相握的温暖，甚至，海边的沙也是在说着话的……

这就是秦蓝，许多看过秦蓝散文的读者都会说“她的作品透着一股成熟的遐思”。是

啊，秦蓝的散文常常是独辟蹊径，寓说理于叙事之中，通过日常生活的种种写出其丰富的内涵。记得秦蓝曾在她一篇散文里描述过她小时候的一次历险：“我在暮色中急急地走，森林和路边的小房子都似乎是恐怖的所在，说不定何时会钻出个绿面怪物，一个劲考虑这种情况是飞奔还是镇静如没事一般……”我却以为，恰恰是这“惊恐”造就了秦蓝及其作品的睿智、真诚和成熟。

认识秦蓝其人其文是在多年以前，那天编辑稿件时一篇作者署名为“秦蓝”的文章，读着读着让我心头一亮。原以为写那么“硬气”文字的肯定是个男性作者，谁知电话那头却是清晰的女声，见面时一个窈窕淑女让你惊讶不已。

秦蓝无疑是幸福的。在她的文章里，我

们读不到那种小女人的感伤、忧郁以及无聊的呢喃，在摒弃了时下小女人散文中的矫情造作后，她以一种大气、博爱的母性之魅，赢得了读者的称赞。但秦蓝并未为此沉醉，在一次采访中，有记者提到“小女人散文”，她对记者说：“我认为小女子情结的文章并不是坏事。如果女人写东西和男人没有区别，那文坛多单调！其实，文以载道，可以载大道，也可以载小道，男人表达社会，女人表达人性人情，各得其乐，文坛才热闹呀！”

后来，秦蓝出版了她创作于1995年至2000年间的散文和小说的合集《种月亮》，这本二十多万字的书受到读者的一致好评。为此，她还作为市里的青年作家代表参加了省青年作家代表大会。人们尤其欣赏那些源自她对神秘

的自然之界充满敬畏和探索的散文，如《布达拉宫的爱情》《温情的兵马俑》《秦陵地宫的天空》《秦淮人家》《沙的声音》《红》等，光看标题你就可窥出她的信手拈来和不落俗套的风格。

而生活中的秦蓝也是颇具妙念的：每次旅游或采风回来，她都会给朋友们带回一些古色古香的小物件。那天，当她把一个小泥人放在我手上时，我似乎一下子接近了她散文之中的那种古典情怀，明白了她对远古时代人类存在境况的不停呼唤、探索以及深切迷恋。

在淡水这个沿海城市，秦蓝一直默默地书写着生活和文字，默默地把爱散播给周围的朋友和迎面走过来的陌生人。她常说，文学是她美丽的后花园，是她避开尘世喧嚣后的一种自在，如同那些在看尽了宫廷斗争和世俗烦忧后走到鸟语花香、静谧安逸的后花园的人们一样，她把文学当作她的后花园，沉淀世俗的烦恼、洗涤世间不合理的现象，她要通过写作进入澄明和喜悦之境，她总想让其文字多些美丽的理想和轻松的咏叹，也让不合理、不合情、丑陋的行为至少在这里能受到惩罚，安抚人们平常的心灵。她说，唯有这样，以文字的方式，我这个小女子也算为人间尽绵薄之力了吧。

（阿樱，著名诗人，广东省作家协会会员，鲁迅文学院作家班进修生。作品散见于《诗刊》《作品》《诗歌月刊》《诗选刊》等，诗作入选《中国新诗选》《新世纪诗典》《2014中国诗歌年选》等40余种诗歌选本，出版《南方有薄薄的霜》《风吹向陌路》等个人作品集多部）

辑一 淡研墨

辑二 深度行

辑三 文字娱

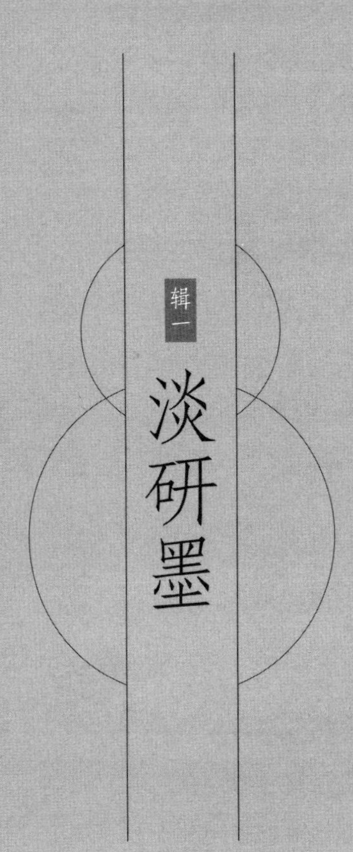

辑一

淡研墨

一个园子与一个湖的对话

可园与西湖在飞鹅岭下日夜遥遥相对。

可园很小，其实只是一个亦文亦画美丽的女子的家，后来因几个志同道合从文从画的女子相聚而同时成为几个女子共有的家。

就可园而言，西湖很大。

西湖之大一则大在它的水域，三平方公里的水域常令人望湖兴叹，据说它素以五湖、六桥、十四景而闻名，平湖里的鸟儿让我乘船游在湖心时只有羡慕那份自在与惬意；丰湖因为有与之相关的丰湖书院以及众多才子而让我景仰不已；南湖边那些被废已久无迹可寻的历

代园子更增加了我的凭吊心情与怜惜；菱湖则常让我联想那是一个小小的菱角，清香淡远口齿生津；而鳄湖古时是不是有鳄出没则不得而知了。丰渚园是后来建的园林，我本不太喜欢新建的园林，但因为这园里荷香四溢清涤了浊气而令我顿生好感，又因这是湖畔江南才子傲骨书生江逢辰遗骸所在，敬意又生。惠州西湖久有“苎萝西子”之美誉，史称“大中国西湖三十六，唯惠州足并杭州”，尽管“天下西湖三十六”，但“三处西湖一色秋，钱塘颍水与罗浮”（南宋·杨万里）、“九州之内西湖三，一在杭，一在颍，而一在惠”（明·祝枝山），所以西湖此一大，大气魄大名气，可见分量已相当地足了。

西湖之大再则大在西湖边的苏轼及其他人

文史迹，据载，约四百多位文人墨客曾踏足此地，苏轼更为惠州西湖写了不少美丽诗句，如："一更山吐月，玉塔卧微澜。正似西湖上，涌金门外看。冰轮横海阔，香雾入楼寒。停鞭且莫上，照我一杯残。"原想执剑天下文章治国的苏轼，更因莫须有之文案，最终被一贬再贬，"心似已灰之木，身如不系之舟。问汝平生功业，黄州惠州儋州"。由此，他唯有怡情山水，倒留下不少佳话不少妙文好诗，益了这些山水及后世文人。其实这才真正各得其所吧。

可园与西湖遥遥相望，日夜凝视，一如我膜拜的手势。可园里有一群写文作画的女子不时相聚，每当来到，倚栏而望，西湖就在面前，我却失了言语，如同面对邂逅自己日夜想念的人，一朝相逢言语倒成了多余，唯有一再

对视。

可园里的人本都是平常女子，但因为从了画从了文便多了些与众不同的心志与情愫，看西湖不只是西湖；而三十而立的年华可以立而与众不同，四十不惑的时光依然懵懂不知人情世故为何物。自然这份不解世故或许只是在可园里面，但我依然相信如此了。而有一个这样的园子让大家忘却尘世纷争，无疑也是可贵的。

可园主人是才情了得的女子，她将自己的才情同时交付给园里的花果，令那里四季花果不断，开至忘了季节，颠倒时令，或许以为如此方对得住那么个大西湖吧。因此呼应而至的我们谈诗文谈画也谈诗画外的人生，不时也听见些叹息……

然而，苏子就在对面。

穿过岁月的葫芦

葫芦在我眼里一直有一种神秘的色彩，或许因为它两千多年的历史吧，《诗经》里已频频出现它的身影：《邶风》“匏有苦叶，济有涉深”，《卫风》“齿如瓠犀”，《豳风》“七月食瓜，八月断壶”，《小雅》“南有木，甘瓠累之”；抑或因为它的神秘气息，因为它有很强的密封性能，连潮气都不易进入，民语有“不知葫芦里卖的是什么药”，谁能穿透葫芦测视内中物品呢？而葫芦的曲线外形状含“S”形的太极阴阳分界线，有着风水气场的神秘暗示，葫芦因此成为风水学中常用之物。葫芦主医卜

星相，而现代人也会把葫芦挂在家里或汽车后视镜或机车龙头上，寄托平安祈祷，纳气招福禄；又或者仅仅因为它的仙风道骨哩，“八仙过海”里面那个总是骑着葫芦漂洋过海的神仙，他的葫芦无疑比别人的工具实用多了，酒瘾来时那里装的是酒，在沙漠里时那里面装的是水，饥饿时那里倒出的便是香喷喷的饭……当然，蓝采和的花四季香艳着，令八仙的旅途不至于太乏味，铁拐李倒骑的毛驴“得得”的蹄声无疑是旅途无字的歌；济公的葫芦里装的却是对现实丑恶嬉笑怒骂的骇俗之杖。

而关于葫芦的传说更是贯穿了整个中华文化史，葫芦，由两个圆构成，充盈着和谐美满的光泽，是古代人民的物质生活组成部分，同时也蕴含文学、艺术、宗教、民俗、神话传说乃至政治方面的丰富内涵，围绕葫芦形成的种种意识形态，无疑是构成中国传统文化的一个重要组成部分。葫芦文化经历数千年的历史积淀，以其独特的历史渊源、深厚的文化内涵以及广泛的群众基础，在现代文化中仍占有重要的地位，千百年来，葫芦作为一种吉祥物和观赏品，一直受到人们的喜爱和珍藏，是中华吉祥文化的代表象征。因此，我在旅游点发现葫芦内壁刻字的奇特技艺后，立即要求师傅为我儿子制作一个，以求保佑孩子平安。

我国至少有二十多个民族崇拜葫芦，并有葫芦神话相伴随。葫芦神话大多有这样一些内容：葫芦是诞生始祖的母体；葫芦是先祖灵魂的归宿地；葫芦籽是万物的种子；葫芦笙是祖先的声音……在傈僳族有口头世代相传的《创

世纪》，而彝族民间长诗《梅葛》则表达了我国少数民族同根同源的思想。还有传说葫芦之女孟姜女的故事，端午节民间有在门上插桃枝挂葫芦的习俗。此外，葫芦还是有的少数民族崇拜的图腾。

葫芦谐音“福禄”。因它是草本植物，其枝茎称为“蔓”，“蔓”与“万”谐音，“蔓带”与“万代”谐音。“福禄”“万代”即是“福禄寿”齐全，故它是吉祥的象征。葫芦与它的茎叶一起被称为“子孙万代”，表意家族人丁兴旺、世世荣昌。吉祥的葫芦满足了人类对美好生活的向往，给人间梦想寄寓吉祥的希望，传递几千年的瑞音……

有个来自新疆的女子，将她的画满花与画的葫芦放到我们的文学网站上，并引来热捧。

在那个戈壁与沙漠边缘或许长满绿草的地方，这些葫芦美丽不可方物，而这个女子更借此传达了她的坚强、勇敢以及对众生灵的关怀。因此，我开始关注葫芦工艺，葫芦是艺术品也是很好的远古文化传承的载体，葫芦工艺则是一门“易学”但却“难精”的民间技艺，其作品大多出于民间艺人之手，由于他（她）们以历史题材为基础，全凭淳朴的感情与直觉的印象去创作，因此形成葫芦艺术浑厚、单纯、简洁、明快的特殊风格，反映了人们那种朴实无华的精神。这种可以在葫芦内外同时作画的手工，让葫芦质朴的质地因为那些美丽的色彩和线条变得有一种突兀的让人难以忘怀的美与感动。

有年夏天我回家乡时在堂姐的山庄里玩，堂姐在门前屋后种了许多葫芦，那些无人采摘

的葫芦兀自在风中悬挂着，有些掉下来被堂姐捡起来随手放在窗台上、走廊地上、院子的木椅子旁……这份不经意，我觉得这景致美得很奢侈了，于是非常恳切地要求堂姐将葫芦送我，让我带它回千里迢迢的自己的家，哪知堂姐一句“任取”令我心生妒忌。后有客人来吃饭，堂姐也是将饭菜做好“任取”，而饭钱也是“任付”，在这野外葫芦挂满的乡间，风随意地吹着，树自由地绿着，水散漫地流着……如果什么都要仔仔细细地计算过，那就大煞风景了，这份自由的轻松和写意，又令我艳羡起来。母亲年轻时在乡间也种过葫芦吧？但我不太记得了，应该是有的，还记得母亲的葫芦老得不能再老了时，皮也没了，中间的丝瓤又韧又柔软，晒干，便成为最好不过的洗碗草了。

洗过的碗便有一丝葫芦里的夏天气息，干爽而清澈，山涧小溪边花草一样的味道。

质朴的葫芦还能产生美妙的音乐，让人又一次惊叹。葫芦丝，这个名字读来本身就有音乐的感觉。那原本流行于傣族、阿昌族、佤族、德昂族和布朗族等少数民族聚居的云南德宏、临沧地区的富有浓郁的地方色彩的器乐，如今已带着一种远古的神秘色彩在占据着民间街巷以及典雅的店堂，华丽的音调如一股清新的风让浮躁的耳朵凝神聆听。仅用半截小葫芦作为音箱，便可制造轻柔细腻、圆润质朴，极富表现力的优美声音。而葫芦丝与现代电子乐器的完美结合，呈现了古典与现代结合的亲切婉转，温馨醉人的全新感受，令现代人痴迷地回到最初的地方。

今年春节我回到家乡，我的美丽可爱的外甥女在荆州古城下，用葫芦丝吹奏《月光下的凤尾竹》，街上的行人不禁驻足聆听。被专家称为“中国南方古城的唯一完璧”的荆州古城墙，历两千多年岁月，条石青砖、重檐城楼，随着悠扬的葫芦丝乐声，千年沧桑在时空轮回，城外杨柳依依，桃红如灼……这柔情的葫芦丝，不知当年戍城的兵士隔了这千年的风霜是否能够听得到呢？牵引我温柔的情愫，忍不住叩问那些铜塑的将士，是否见到我远方的友人到访看桃红柳绿？

张居正的故居就在街的对面。张居正，这位与荆州古城一样坚守家园辅佐朝政的中国历史上最优秀的内阁首辅，明代最伟大的政治家，是明万历年间曾因厉行改革而彪炳史册的一位传奇人物。五岁入学，七岁能通六经大义，十二岁考中了秀才，十三岁时就参加了乡试，十六岁中了举人，二十三岁嘉靖二十六年（1547）进士，由编修官至侍讲学士令翰林事。他荣登首辅之位后，理政十年：整饬吏治，刷新颓风；整肃教育，延揽济世之才；革新税赋，梳理财政。拯朱明王朝将倾之厦，使万历时期成为明王朝最为富庶的时代。对于明王朝来说，张居正确实是难得的治国之才。而在内阁混斗、自己政治生命岌岌不保的时候，他写过一偈："愿以深心奉尘刹，不予自身求利益。"他的确是做到了。

三米宽的街道，我们在葫芦丝的乐声里越过，从荆州古城到张居正故居，新年的氛围里，故居少人，门前红艳艳的灯笼更是写着一

份历史沉淀后的清雅和寂寥，我们在里面流连不去，在他的小溪边洗手，坐在茶台边试想当年的茶趣茶话，当时桃花正艳……我想到葫芦千年的历史，从未间断的为人间祈福的重负，与这古城墙，与这历史上的无数忠烈之士，那同样的历史承担与默默守护的天使一样的美好与庄重。

今年夏天，我们一行人去探寻叶挺将军足迹。当年将军被困押、书写一首《囚歌》振奋无数牢狱黑暗中志士的红炉厂囚室许多人不知道了，而那个真实而率性的客家男人的真实内心、平实情感以及横溢的才华也没有多少人了解和明白……我们找了当地农民带路，在酷暑天气中几经波折才找到了那个在山坳里的老房子，半山腰间，这房子在清静中有一些世外的高远，山风很清凉，天井里有尘世的欢乐向往，我们坐在天井边的石条上，安静地倾听当年将军的脚步声……走到后院，见满院瓜菜，看守房子的妇人用葫芦做的瓢舀井水给我们喝，手里是葫芦的熨帖的质感，那井水便给人一种放心的依恋，或许当年，将军就是这样喝水的吧……叶挺，琴心剑胆、文韬武略、光风霁月、铁骨铮铮……我们用了很多词来形容他解读他，后人用了很多悬疑来猜想他，但在我看来，他只是一个真正的军人一个真实的人，如同山风中悬挂的葫芦，质朴地坚持自己的颜色，给了历史太多的悬念，给了后人太多的唏嘘感叹，在这里静静地回复一个客家男人真实的爱恨情仇……这里曾经的人和风中的氛围——葫芦一样的质感和美丽制造以及神秘气

息让我们久久不愿离去，某人说“走吧，不愿走是吧？……”声音里也让我感受到一份伤感和不舍，在这里我们或许找到了自己内心远离尘世喧嚣的宁静和高远，在这个种满千年文化遗存的葫芦的地方，在这个以生命作代价始终不肯妥协的客家男人一代名将叶挺曾经生活过的地方，我们几个寻访的人感受到一种相互间的认同和依恋，世俗的恩怨很远了……

爱与信仰

——《一次别离》观后

我一向看片子不在意导演，尤其是外国片，记不住，对我来说，重要的是片子本身，何况许多大导名导也常做烂片是吧。但看完《一次别离》，我记住了这个名字：阿斯哈·法哈蒂（Asghar Farhadi）。

有人从片子本身看到它背后深刻的隐喻：伊朗社会的分离、传统宗教与现代社会规则的冲击、不同阶层的矛盾，等等。但我更愿意直观地感受那直指我内心的人性之爱、信仰的冲突以及动人的深沉与克制。

西敏为了女儿“不要继续生活在这种地

方”坚持要带丈夫和女儿出国生活，甚至不惜和深爱的丈夫闹上法庭；而丈夫纳德不想丢下患有老年痴呆的父亲，不惜抛妻，生活陷入窘境也不退步。西敏生气地说：“他都不知道你是他儿子。”纳德回答：“但我知道他是我的父亲！”这一回答我相信令所有人无语！纳德和西敏或许代表的是中产阶级，衣食无忧，生活西化，宗教的束缚在松绑，但事实上，他们也有他们无法放弃的信仰，如果说，那个老而痴呆的父亲代表的是他们的祖国，那么，祖国就是他们的信仰，即使衰弱败落甚至已无力保护他的子民，但在他们心中，那仍是他们的祖国，独一无二的祖国、无法替代的信仰……多么令人动容的坚守！

西敏负气回娘家，生活陷入窘境的纳德不

得不找人照顾无法自理的父亲，瑞茨带着女儿接下了这份护理的工作，瑞茨因为对家庭和丈夫的爱，接下了这份工作，但却因此发现许多实际情况与她的教义相悖，甚至最后要撒谎。这令她很纠结，撒谎令她担心会受到诅咒，更担心诅咒会降临到女儿身上，但为了减轻丈夫的压力，她克制内心的恐惧将谎言坚持下去。当最后要她按着《古兰经》发誓时，瑞茨崩溃了……

虔诚的信仰多么神奇！

在我看来，这个剧中真正有力量的是两个孩子。

纳德的女儿特眉（Termeh）是一个十一岁的品学兼优的学生，她非常不希望父母离婚，于是企图用自己的心计留住母亲不让其去国外，

并为父亲向母亲求情，当后来大家的注意力都放在父亲与看护到底谁在撒谎时，她还记着自己肩负的希望和使命，直到她发现自己最信任的父亲真的在撒谎。她一再问父亲是否真的推了瑞茨是否真的不知她已怀孕最终令她失去腹中的孩子，纳德面对女儿再也无法掩饰——女儿的纯真有如《古兰经》的力量，令他无法回避自己的内心，但他虚弱地解释说："如果我说出真相，我担心的是谁来照顾你？"

其后法官要求询问纳德的女儿特眉，令我意外的是，纳德既没有鼓励她说出真相，也不曾怂恿她为他圆谎。他没有勇气向上攀升，同时也拒绝继续坠落。他的不选择，却等同于将选择的重担转移到了特眉的肩上。这份令人揪心的残忍，令我叹服导演的高妙。

瑞茨的女儿知道妈妈早就肚子痛了，尽管她不知那意味着什么，但她也知道那是不能说的，她一直坚强地沉默着并同样敌视着与父母对立的纳德。

剧中有一场戏拍的是特眉和瑞茨的女儿一起玩桌上足球的场景，那是全片最令人轻松愉快的一处亮色。那时候的两个小女孩的世界还是黑白分明、是非清晰的，她们的生活里只有童话与课本。当她们被迫帮父母保守一个昏暗的秘密，成为各自父母沉默的同谋，承担起不该由她们承担的重负时，她们的世界开始出现灰色。当特眉迫不得已在法官面前帮着父亲圆谎，尽管当时她不动声色但转眼又在汽车后座上泪流满面，那一幕令人心痛。她心中的爱与信仰都在一点点地崩塌，她的美好童年在被残

酷地推离，一个令她无法理解和接受的成人世界可怕地逼近了。因为各自父母的对立，两个家庭中的爱与信仰也在崩塌，家不再安稳而温暖，两个孩子最终无法友好面对而成为敌对阵营。临近结尾两个小女孩长久阴沉对视的一幕，让人感受到一种惊心动魄的冲击，令成人的我们心惊、反省而茫然。在这沉寂的四目相接中，两个小女孩一同在向她们的童年时代无言地告别，一个残酷的成年仪式完成了，而成人的我们无疑经受着内心的洗礼和残酷的拷问。

听说这部囊括所有奖项的电影投资非常少，没有大投入没有大制作没有玩高深玩玄妙，电影大部分拍摄均为手持摄像，场景不多画面简单服饰无华……甚至全片连音乐都没有配仅在片尾字幕升起时才响起音乐……但却征服了所有人。所以，朴素自有力量!

导演用一种平视的视角看每一个人，没有过度的鲜明的完全的褒贬，正如电影中每个人都说着谎，而每个人都本性善良，都不过是伊朗社会不同阶层的普通人，尽管一个来自小康，一个来自底层，但都被各自的问题困扰着，最终为了维护自己家庭的安稳而撒谎，用各自的方式证明自己的表面的清白掩饰不得不说的谎言，最终如何选择？导演并未明示，只是将真实呈现给观众将问题和结论留给我们……所以，最后，我想问的是：当爱与信仰起冲突时，你会选择什么？!

以最悲情的姿势，守望爱情

由于对同性恋的抵触，当《断背山》风靡全球时，我有意回避着没看。片子在电脑里放了很久，闲暇时才无意地打开来看了。但一看之下，无法释怀，更无法忘记。原来爱，可以用如此悲情、如此动人的姿势来守候……

正如李安所说，其实“这只是一段爱情，一段纯粹的爱情，让我们不再注意是同性之爱还是异性之爱”。

正如网友所说：“《断背山》让所有女同性恋者疯狂地爱上男人。”

我认同“男人之间的爱，更加含蓄内敛而

动人”“因为无法为世人理解，因为每一次相见都以生命为代价，每一份想念都要珍藏，而珍贵而万分珍惜”。

我也为自己一贯喜欢的李安的风格而叹服，“以东方式的含蓄细腻表达西方式的爱，更加动人”。

一个人悄悄默默珍藏的衬衫，在他走后才被另一个人发现，当初是怎样心动又心酸地收藏！一个人悄悄想念又独自落泪，面对只能真实地拥有的衬衫是怎样的绝望！

Jack，这个名字代表“为爱情而放弃生命的王子”的男子，当他与女友热舞时，投在女友背后的眼光里也只有忧伤和不为人知的思念；而当得知Ennis离婚，误以为可以从此相伴，谁料，狂喜过后是马上来临的绝望……Jack

动人的眼泪和决绝放弃为Ennis独守的心。挥掉眼泪，去墨西哥放纵，Jack的眼里却只有绝望。不觉是背叛，更多一份悲壮。不是对Ennis的放弃，是对自己的放弃，对自己生命的放弃，是对一份视重过生命的真爱的放弃……所以让我们看得悲痛不已。

喜欢Ennis的朋友或许说得对，Ennis的爱更深沉，“你不爱男人也不爱女人，你只爱Jack”，为了Jack，他没了家没了正常的生活四处流浪，在坚强的面孔背后独自痛哭。Ennis最后独守着那两件衬衫，坚强而内敛的他常会看着那两件相拥的衬衫独自热泪盈眶，一个人默默为已不在人世的Jack守候，对Jack是一种安慰。但依然是一种悲情的守候，世人不知道这个独自守候、孤独一生的男人心中装着的是一个不能为外人道的人，一个男人，一个深情的男人，用生命寻找爱守候爱的男人。

是不是一种压抑的隐忍的爱特别令人感动？是不是一种悲伤的守候更动人？

同样的，法国片《沉静如海》亦如此。

帅气的德国兵住到了美丽的法国姑娘家里，由于父母死于德战，女孩发誓不同德国兵说话，也从不当着他的面弹钢琴。但本就是一位作曲家的士兵，每天回来和出门前都会进客厅和祖孙俩打个招呼，尽管姑娘和她的爷爷从没回应过他的问候，甚至没正眼看过他一眼，但他坚持着，每天告诉他们“今天天气真不错……”“今天太冷了……”“我今天去了军营……”如同自语般，他打过招呼敬过礼就回自己的房间。为了维护法国人民的自尊和尊严，也为了不打扰祖孙俩，他

提出从侧门进出。但法国姑娘没有关上大门，火炉前看似不理睬的背影里却写满了守候的话语，在他晚归的夜里充满了不安和焦灼，其实，他已成为她生活的一部分。但他们依然没说过一句话，她依然不在他在家的时间弹钢琴。

有天，他不在家时，她进了他的房间，将他每天系在脖子间的围巾捧起来，将脸埋进去，感受他的气息和温暖；躺到他每天睡过的床上，感受他的每个夜晚的孤独和寂寞……

在知晓反战战士在德军车下装了炸药的事实后，法国姑娘想救他却不知如何表达的焦躁，令人动容。于是，在他要出门时，那久违的钢琴声响起，吸引了他，他走过去，微笑着聆听，曲终，他笑笑，自嘲这琴声也不会是为了他，所以准备转身走开，这时，却看到法国姑娘凝望他的眼神里的无数的情感和担忧、焦虑，他呆住了……这时，外面车里的炸弹响了，他冲出去，他的两个战友已身首异处。

他明白了法国姑娘的感情却也明白了他们是两个对立世界的人这一事实。

后来的一个早上他来告别：“部队要到俄罗斯前线了，那里很冷……”看着走出去的英俊落寞的背影——或许从此就走了无踪迹的背影，这时的法国姑娘终于忍不住泪流满面，她追过去，冲到车前，望着他流泪。德国士兵很久才从车里出来，但两人也只是面对面凝望：悲伤而绝望……

后来法国姑娘也参加了反战地下组织，但在我看来，她只是以这种方式靠近她爱的人，以一种对立的方式，一种生命为代价的方式，

为了一见，或许只有战场上，或许是将生命交付一方的方式来接近她的爱人，以这种生命相持的方式守候不可能的爱情。

为了爱，放弃自己的幸福，甚至生命，如今已没有多少人可以做到了，能在爱人走开后三个月不另觅新枝已要叹服，何况多少人在爱刚变得有些淡时已不再努力，没了责任和义务，说什么“没有爱情的婚姻是不道德的”，用这样自私的理由来寻找自己新的快乐。人，是该享乐至上？还是该尽责任和义务多一些？是该一旦拥有？还是该天长地久？我不想说教，也没有权力说教，如今的人们太聪明，没谁可以教得了，我只是想让人们知道，真正动人的爱是怎样的！真正动人的爱情守候是怎样的！动人！多么不容易的词！多么动人的情景！

舞着或者死去

——《夜宴》，男人的惊艳

当莎士比亚已经成为经典，导演们如果还想在他那里捞点好处，没有一两把刷子显然是不行的，一不小心或许就会弄巧成拙，贻笑大方了。不知冯小刚当初是怎样想的，尽管他的喜剧风格已是有口皆碑，咱老百姓都说味道好极了。如今却要一改他的喜剧风格，也要来个沉重的大片。于是人人皆拭目以待了。

终于耐心地看完了两个小时的《夜宴》，抛开众口一词的剧情激烈生硬、叙事刻意冗长、舞台感太强、让人难以动情等不说，我却认为这是一部男人的戏，一部男人处处惊艳的

戏。惊艳在他们的舞动的身影上，也在他们的才情上，更在他们面对死亡的表达上。

太子无鸾曾说最高境界的表演是“戴着没有表情的面具表达出丰富的内容”。尽管婉后坚持“最高境界的表演是将丰富的表情变成面具”，不过那是站在政治斗争宫廷斗争的立场所说的话。但从艺术的角度，我非常认同无鸾的观点，那是一种高难度的境界。我相信电影开场给许多人的唯美和超凡感一定是难忘的，那些戴着白面具的舞者在竹林深处的栈桥上，用他们的肢体表达着与世隔绝的寂寞以及太子内心的伤感与无奈。白面具、白麻质衣屣，如同一朵朵停在人世间的白云，显得格格不入。即使在被羽林卫一个一个捕杀时，他们还是保持着舞者的姿势，没有一句话甚至没有发出声音，让愤怒由观众心底发出，将悲伤留给观众体味。

太子无鸾与婉后终于见面了，婉后发现了藏在太子诗卷中的玉女剑，两人随后的一番比试，更多是一场双人的舞蹈，而太子在这里绝美的男子舞姿，借助乳白色麻质的服饰的飘动更是超凡脱俗，堪称空灵。即使在皇后册封大典的歌舞中，男子的身影远比那些花枝招展的女子的舞蹈更出彩，更别具一格。

面对满朝阿谀奉承、明哲保身的大臣，裴洪独自以九族的生命为代价捍卫他的纲常礼仪，大骂厉帝谋位篡权，于是被处以残忍的庭杖。已是老年的他在几个武士的轮番杖击下，在空中飞舞，一种赴死的悲壮，一种生命与信仰的舞蹈。还有雪原中救太子的殷隼的武士

们，像风一样从地底卷起，像雾一样消散。

即使是刺杀太子失败归来的羽林卫在桥上奉旨自尽时借了特效，也将死亡演绎得如同一阙韵律诗的样子，让死亡变得无足轻重，凄美无比。

仔细探究一下，窃以为《夜宴》只是将《十面埋伏》中女子的角色换成男人的身影，从主角到杀手，调了个位而已，处处体现着男人的惊艳。

章子怡只是一只花瓶，依然是僵硬的表情、华美的服饰与艳丽的身影，远没有那些男人那般丰富，即使是那个篡位的皇帝也被写得颇见性情。所以，与其说是那些男人衬托着两个女子，不如说两个女人衬托着那些男人。女人的多才与多情在男人身上彰显，像李煜一样才情俱佳的太子无鸾，那剪纸雕刻的《樾人歌》，一展之下已是满纸温情与浪漫，即使婉后认为“太子不应当是杏花春雨浸泡出来的寂寞歌手，而应当是君临天下、雄视四方的男子汉”，却依然无法挣脱太子给予的吸引。即使厉帝放下江山也抵不了太子的一首情歌。

尽管如此，但从竹林的舞者到太子到厉帝甚至到大臣，其实是非常压抑的，正如主创人员说的，倒是周迅演的青女给整个《夜宴》带来呼吸，是非常有生命力的一笔绿。

《夜宴》谢幕了。不过，对于惠州市惠阳区的淡水人来说，很久没见这样的情形了：电影院里挤满了人；很久没有这样的待遇了：电影大片在惠阳与全国同步上映。不用再食大片的残羹冷炙，在许多大中城市人已看得不再新鲜了、各

种评论已评得不想再说了时，淡水的电影院才上映。在那种滞后的情形下，人们慢慢不再去电影院，不只是因为网络发达，更大层次上是因为被忽视和冷落。由于被忽视，于是放弃，于是市场被荒芜。如今，因为一些热心于文化事业的人，大剧院开始恢复它本来的意义，从此大剧院不再只是一个开会的地方。于是，我们也可以有机会写写这些大片的观后感。

《夜宴》谢幕了。不过，有些东西刚刚开始。生存以及发展，即使死亡，也舞着，留下惊艳。

唐朝的美艳

唐朝，无疑是所有朝代中最香艳的，或许是因为一个妃子，或许仅仅因为那些服饰。

在那些刀光剑影的朝堂之争中，这两个原因皆好。那个女子让政治的棱角不再刺眼，尽管最后她依然做了政治的牺牲品，而对她来说只是为爱殉礼；那些服饰滋生了许多美艳的作品，如同京城的牡丹“花开时节动京城”，艳也罢俗也罢，京城本就只有牡丹衬得了她的皇家气派。

宋朝，也就只能清丽的宋词、宋瓷以及瘦金体方合适这个时代温婉的气质，又或许是这

些温婉成就了这个时代的气质吧。另文再议，此处只说唐事。

说唐朝的美艳而不是香艳。想听香艳的大概只记住了帝王与玉环美人的故事，或记住了李白的美人诗：

云想衣裳花想容，春风拂槛露华浓。
若非群玉山头见，会向瑶台月下逢。

一枝红艳露凝香，云雨巫山枉断肠。
借问汉宫谁得似？可怜飞燕倚新妆。

名花倾国两相欢，长得君王带笑看。
解释春风无限恨，沉香亭北倚阑干。

然而，唐朝，太值得人记住了，却又因为过于盛开，如同美艳不可方物的牡丹，美得令人睁不开眼，唯有不看了。

唐的美艳一在那些朝代纷争的大气华丽，也在这纷争里有绝代的女皇，太多史书电影故事桥段，多说就多余了。

单说那些个诗人，那个诗歌的盛况，就足矣。气象万千，雄浑博大，“李杜文章在，光焰万丈长”（韩愈），无论怎样说都不为过，鲁迅则说：“一切好诗，到唐朝已作完。”

不知这是个怎样的时代，无论我们怎样想象也不知当时的朝与野以及民间，何以产生出那么多风华绝代的诗歌以及风华绝代的诗人：“汉魏风骨”之诗骨陈子昂、诗杰王勃、诗狂贺知章、诗仙李白、诗圣杜甫、诗豪刘禹锡、

诗佛王维、诗魔白居易、五言长城刘长卿、诗鬼李贺、诗雄岑参、七律圣手李商隐以及“深情幽怨，音旨微茫”诗家天子七绝圣手的王昌龄……什么叫艺术的春天，这才配得上，所以请以后别动则“春天”了，没有如此姹紫嫣红何以言之？！

而本人偏爱边塞诗，在那个盛世风华不可一世、万般美艳香艳的时代，有诗人在担心边关冷暖国土安全，如此大气担当，首先就令我景仰了。而其中名篇佳章更是令美艳之中吹入了一股清洌之风，别开生面别有洞天，让人为之一振，清爽不已。杨炯一句“宁为百夫长，胜作一书生”的豪情让晕晕欲醉的闺帏之作顿感失色，而李颀《古从军行》除了怀古之家国情怀更兼了战略攻心之术，诗人对战争的关注和参与已不只限于纸上的了：

白日登山望烽火，黄昏饮马傍交河。
行人刁斗风沙暗，公主琵琶幽怨多。
野营万里无城郭，雨雪纷纷连大漠。
胡雁哀鸣夜夜飞，胡儿眼泪双双落。
闻道玉门犹被遮，应将性命逐轻车。
年年战骨埋荒外，空见蒲桃入汉家。

而对于怀古诗之绝唱非陈子昂莫属，“前不见古人，后不见来者；念天地之悠悠，独怆然而涕下”，苍凉辽阔，哀而不伤，实在是神来之叹。针对如今诗歌界的“脏乱差”（某诗人语），以及自以为是自视清高却一无是处的某些人，不妨听听古人言：“诗之不可及处，

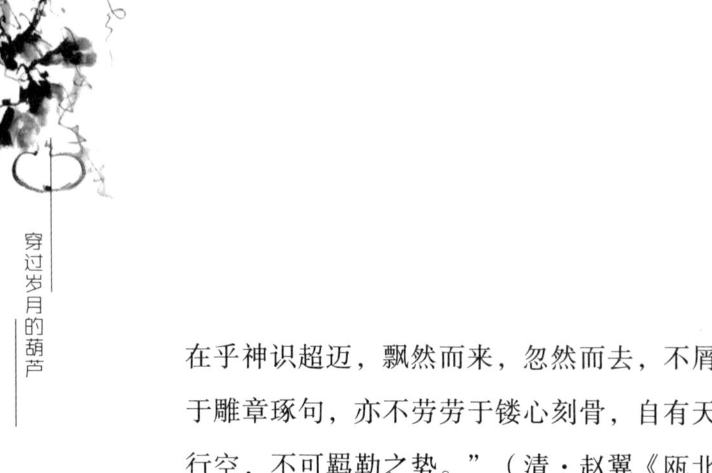

在乎神识超迈，飘然而来，忽然而去，不屑屑于雕章琢句，亦不劳劳于镂心刻骨，自有天马行空，不可羁勒之势。”（清·赵翼《瓯北诗话》）

就唐诗，那些个天才无须在此多说，正如李白，人言没有李白就没有唐诗的盛世，“笔落惊风雨，诗成泣鬼神”，可见才情千年难遇，但不明白的是为什么诗人们都以为文学盛名之后必得进仕途，方是大成？不要谈什么思想的影响，只想说这就是千百年学者悲哀的一脉相承，才情如李白尽管在政治上自负而不可得，郁郁不乐。而山水田园之乐的王维也终归于仕途之叹，见《渭川田家》：

斜光照墟落，穷巷牛羊归。

野老念牧童，倚杖候荆扉。

雉雊麦苗秀，蚕眠桑叶稀。

田夫荷锄至，相见语依依。

即此羡闲逸，怅然吟式微。

花木剪枝方可更加美艳，弃华枝得繁盛，我不知这是不是唐诗更加美艳唐史更加璀璨的原因。

绿茵场上，男人的眼泪

绝对不喜欢爱哭的男人。我想大多数女人都一样。尽管，当一个内心痛苦的男人眼中闪着隐忍的泪光时，是相当动人的。但，依然不喜欢男人动辄哭泣，更别说号啕大哭状了，形象尽毁，惨不忍睹。

但当2006年世界杯英格兰被点球出局后，贝克汉姆跌坐草地掩面而泣时，相信所有的女球迷都为之动容而伤心了。英格兰足球却一点也没有因此逊色，反而更加动人。

中国足球缺少点血性，总是疲软，却正是因为缺少了眼泪。自认为爷们儿的行为倒是不少，打架喝酒，飙车嫖赌，斗狠生事……一样不少。足球运动员却被狂热而宽容的球迷纵容着，大爷派十足，失了球格无所谓失了国格也照样不知耻而后勇，一年一年一届一届地名落孙山，教练换了又换，巨款砸了又砸，球迷狂热了又失落失落了又狂热，但球还是那个球。

无奈之下，我们只能以足球在中国有悠远的历史来自我安慰：足球运动，最早起源于中国春秋战国时期，名“蹴鞠”或“塌鞠”。到了汉代，有人踢蹴鞠之处几乎是万人空巷。蹴鞠还成了宫廷的主要体育活动。汉高帝刘邦的父亲初入皇宫时，因没有蹴鞠踢而一直闷闷不乐。后来刘邦特意为刘太公建造了“新丰宫”，于是太上皇得以和家乡人一起踢蹴鞠取乐。此举造就了“帝王球星”汉武帝、汉成

帝。后来，蹴鞠还成为军队训练内容。

而如今，咱们国家的重视毫不亚于历朝历代，总书记已经亲自开球，如何踢就看你们了。

这么多年来，中国足球大爷土豪气不减，只是从未见失球后痛哭的中国球员和教练，更不见丢国足脸后痛哭的足球官员。从这点上来说，还真是爷们，真是“男儿有泪不轻弹”啊，但，殊不知后一句是“只因未到伤心处”，所以，由此看来，失了球丢了国人脸伤了球迷心都无所谓，未曾伤心。如此地不着边际无关痛痒的事儿，又岂能因此伤心难过，又岂会因此重振雄风一朝雪耻。

那我们就要问问了，如此牵动国人神经让国人狂热，如此事关国家尊严和国际形象的事，为什么就不能令本人动容呢？只能说没有国家尊荣之己任，如若不是，那就是背后不为人知的原因了。

无论如何，希望有一天，在绿茵场上，看到中国足球人的眼泪，因得到而开心或因失去而心痛，至少让我们看到真正对足球的爱以及对由足球带来的国家面子民众情怀的感同身受。

桥·塔与爱情

桥与塔一直是我感兴趣的话题，曾被我作为大学论文选题。

对于塔，最认同王生平先生《中西美学宏观比较》一书中的观点，他从建筑艺术来论证自己的观点，说中国建筑不像西方的歌特式教堂那样指向上苍，而是低矮平缓，充满了“可居可游”的乐趣。以与宗教相匹配的塔相比，王世仁在《塔的人情味》中指出：塔是佛教建筑，但充满了人情味。

俗话说：“救人一命，胜造七级浮屠。”“浮屠”是“佛”的梵文音译（Buddba），这里借喻为塔。但中国的佛塔在人们心目中并不是虚无缥缈的天国形象，也不会产生阿罗地狱的幻想……

只有在中国，才会把这种毫无实用价值的纯宗教筑引到人间审美生活中来。中国的佛塔是“人”的建筑，不是“神”的灵境；它凝聚着“人”的情调，而没有发射出“神”的毫光。

只是，自从白娘子被压在塔下，塔在超度众生的同时，也成为隔断爱情的有形的手。

桥呢？“二十四桥仍在，波心荡，冷月无声”，姜白石（姜夔，字尧章，号白石道人）将朝代更替后的冷清在桥下泻过，慰籍过许多遗民们失意的心。自从“十八相送”里的桥头分别成为经典，近代人写一曲《灞桥柳》，爱情便在桥上断续。牛郎织女借鹊桥一年一相

会，桥便成为延续爱情的传说，让许多女子在七夕痴望天河，祈望自己的爱情天长地久。

其实，桥只是浮桥，若喜鹊偷懒或大水决堤，两个守望的人便只有守望。塔千万年地坚固，不只在它有舍利子和佛光。不过，塔倒下来，便可成为桥，所以又可以说爱是可以永恒的。法海造塔的初衷是为了截断人间的爱情，但他忘了塔终会倒的呀，倒下的塔便成了桥，将隔断千年的爱情更热烈地延续。

枫 糖

“枫秀于外，糖惠于中”“枫糖，不只一种甜的的感觉，已是加拿大绚烂文化的部分”，这是我在一本杂志上看到关于加拿大枫糖的记载中的两句话。

秋风一吹，就满山遍野层林尽染的枫树，从来不知道那里面可以像橡胶树一样汩汩地流出蜜一样的东西来。取橡树的胶，没有一定技术没有全副武装定是不行的，不知取这枫糖需要些什么包装。但，我想那一定是一种更加艺术的活儿吧，看那做出来晶莹剔透的样子就可想而知了，有些根本就是枫叶的形状，让我误

以为那就是长在枫树上的，凭添许多浪漫的想法。于是没来由地有些怨嗔，为什么中国的枫树就只是枫树呢？尽管那也很凄美。于是又引出一些哲人的想法来，某些东西，到底是单纯地美着自己的美好呢，还是兼美着人家的美更好呢？

中国的建筑，民居中的四合院有着人情的浓厚在里面；围龙屋有着历史的沉淀和民族迁徙的旷味在里面；那些红墙里更有着东方神秘的浓重气息；而庙宇更是纠结着神迹和人文精神……是不是一定得中西合璧？而中西一合是不是一定成璧呢？

中国的服饰，尤其是旗袍，穿在中国女人身上，衬着那些细腻的眉眼和肤色，加之江南水色一样柔和的举手投足，当然是天然尤物一样地相当和谐了。而现在的一些西洋女子，因了向往东方的神秘与含蓄，一定要穿一穿，但在我看来是非常地别扭的，那些金发高鼻蓝眼，在旗袍的细致中，总是有许多突兀感，好像穿戏服一样。

中国饮食，豆汁小笼包水饺，充分地包含了淀粉蛋白质维生素的营养，非常符合营养理念。而豆汁的打磨小笼包的制作没有一份细心耐心是行不通的。水饺更是一种亲情的浓缩，这些人性的温暖是许多机器制作品无法代替的。

如果一定要推崇那些洋快餐，那些油炸、机烤，批量制作的食品，我们当然也不能勉强去说什么。正如你一定要在长袍外加上西装，豆汁里兑进巧克力，只要穿的人舒适，喝的人开心，不伤大雅也无所谓。毕竟这是一个自我

意识膨胀的年代。

不过，借鉴还是应该的，如果一如枫糖的“枫秀于外，糖惠于中”，那也是美不胜收的。比如，加进晚礼服概念的旗袍，让章子怡和巩俐在各种国际颁奖礼上大放异彩大出风头，成为西方时尚杂志争相追捧的对象。一时，东方理念的服饰走红不已。一试东方旗袍成为许多西方美眉的梦想。所以，借鉴与融和是非常必要的，也是进步的表现和推动力。

“枫糖，不只一种甜的感觉，已是加拿大绚烂文化的部分”，我很喜欢这句话。在这里，枫糖已不是一般层次上的东西了。所以，枫糖之所以独树一帜，一定还有其他糖所没有的特别味道吧，那或许就是枫的味道。

冬天里，樱花朵朵

——女诗人阿樱

是不是诗人一定要经历磨难？是不是诗歌一定要经过苦难的砥砺？但在苦难中浸润过的诗依然灿烂如花，在苦水里游过来的诗人依然光华无比，当然，这需要一定功力。我身边的那个至性至纯至真的阿樱，那个任何时候也不肯放开诗歌的手的女诗人，有这个功力。即使冬天里，拼尽所有的温暖，也要一树花儿朵朵。

在武汉上大学期间，最羡慕武汉大学的学子，能生活在满院樱花的校园里。在那樱花怒放的季节，树下全是慕名而来的赏花人，而樱花不管不顾地在枝头灿烂着，奢华地将沿街的

路铺成花道，让人不敢踩上去；流水也因此常常带了花的心事，一路叙说哩。那个时节，对爱花人来说，一定是一个要盛装的节日；而对樱花来说，是怎样的呢？我们不知道，只有妄加猜测。

不知道她何以取了樱的名字，美则美矣，美到极致，但灿烂却相当短暂。

诗评人粥样在评论阿樱的诗集《风吹向陌路》时，在结尾写道："她的去向，令人悬想。"对我来说，尽管她在我的身边，但她的去向，依然令我悬想。她在我身边，但她又常令我把握不定。生活对她来说不是厚待的，许多的变故，许多常人无法承受的打击，她都支撑住了。我曾以为她会因为那些打击而停止写作了，甚至以为她会从此对生活对人失去她一贯的真和绝对的信任，却没有。

她出版了她的新诗集《风吹向陌路》，这部美丽又凄艳的诗集，在诗界引起了一片赞叹，许多人愿意为她写评，许多人忍不住来看看这个总是有一些天才句子、总有一些非人间心思的女子。她的诗和散文诗被制作成漫画彩绘本，非常畅销。最近，她又陆续写出了《时间之翅》《迷失的药香》《水塔》等诗以及散文《提灯女人在水湄》等，在作家论坛和诗歌论坛上引来跟帖无数……

对她的诗对她的人生，大家不断猜测不断悬想，但，她总是笑笑不说话，她认为诗是没法说的。而她的诗、她的人生又如何说得清，又如何能用普通的文字常见的句子说得清呢？对于一些非议和某些事件中的人们的激动，她

淡然说："有位老师曾对我说，真正有水平的人是沉得住气的。"

不管那些懂诗的人抑或不懂诗的人再怎样的评说，她的作品不断获奖，不断被人提及，她以及她的诗歌总是让人不能忘怀。《水》获广东省文学大赛二等奖，诗集《风吹向陌路》获第十四届新人新作提名奖，《时间之翅》入选全国青年诗人诗歌大奖赛作品集，三件作品入选《广东省作家协会五十年文选》，作品入选诗选刊主办的女诗人专辑……在广东首届诗歌节上，她成为惠州地区唯一受到邀请的诗人。

现在阿樱在《新惠阳》做着她的副刊编辑，天天念叨着报社主任交代的任务，要办好副刊，要培养文学新人，紧张地怕出错怕有负重托，要为丰富这份报纸出一点她小女子的力。于是《新惠阳》的副刊便缤纷地一期期面世了，受到广大读者的喜爱。

她依然坚持着她的诗歌，也坚持着诗歌带给她的快乐心情，努力忘记那些令她痛苦的事。甚至在她很不顺的日子里，她还坚持对一些文学爱好者予以支持，对一些落魄的文人给以援助。她又开始跳舞了，她变得苗条漂亮，她的肤色开始变得明亮起来。她也在明亮起来。她用她的诗过滤痛苦，让过滤后的痛苦里只剩下凄艳的甜蜜和尖锐的美丽。

美极。凋零也美。让人的怀想里只有美与怜，这就是樱的本事哩。但阿樱，是一树即使在冬天里也缤纷开放的樱花，这就是她的本事。

可园的女人们

题记：可园位于惠州西湖边祝枝山旧居附近祝屋巷，系私人文艺沙龙，旨在沾点文气续点文脉。可园里四季花果不断，文人墨客往来畅谈诗文画艺及人生，于是建“可园花事群”，意即借花语闻人情达事意造境界，唯愿“谈笑有鸿儒，往来无白丁”。“可园花事群”集十二个画画作文的女子，每个在各自领域皆有所成就，作者在此不作成果点评，仅从小侧面透视这些为文作画女子画作之外的别样情致。

旧时俗语里有“女人四十烂茶渣”。但，事实上我们看到如今四十岁的女人才真正地精致而美好，没有年少的轻狂没有不更事的做作，有的只是一份淡定从容，以及历练来的矜持和深厚的内涵……而可园的一群女子或从文或从画或长袖善舞抚琴能歌，在那个终日芳香四溢的园子里，岂能不更加精致而美好。

可园从什么时候有的，我没问，但那个集所有美好愿望和四季春色（我没说错，可园四季皆春色，那些开不败的花结不完的果，我另文再叙）的可园应该在这些女子心中早就有了吧。要不然，那么多年过去了，一朝回头，哪能有那么多的世间物语美丽花事？

可园园主媚，一个如牡丹一样丰美而悦目悦心的女子，风姿绰约。但我的重点不在这里，她在报社做着文字编辑也写着自己的文章。她还在可园画着画儿弹着琴，楼道里随手

放着些我视如珍品的画作，房子每个角落都散落着看似不经意的艺术摆件。但这还不是重点，重点是这样一个兰心蕙质的女子，现在却耗掉其他女人用来粉墨装扮的时间在天台上种花种果种菜蔬，天台上倒四季如春地花果不断了，她却晒黑了皮肤粗糙了手指。但她不以为意，用心熨帖着可园的四季以及以可园为慰藉的女子们的时光；牵着西湖“美丽的裙角”写着她心中关于西湖与惠州的美，集结成散文集《邻水而居》；以自己的悲悯情怀培养文学新人；跑到深山里采访乡村教师，一个多月写出十多万字的一本书并捧回文学大奖……她总是自愿做着“一切与惠州文化有利的事”，经营她的可园和文字，与美丽邂逅。

红是专栏作家，也动情地为自己优秀小

提琴手的儿子写着书。由于本人从文的原因，且让我出于私心先说这些从文的女子吧。红与我相距不远，但我们去可园要花点时间，因此对这个园子里的活动常因不能参加而充满妒羡，所以每有参加活动她就会从她居住的海边来接我，久之就自诩为骑士了。事实上，这是个多情的女子，且有柔美的外形和气质，但因如我一样从事了一项行政的工作，自叹练成了“暴脾气”，但一旦进入可园，一旦回到她的诗文，依然还原那个本来的自己了。她的诗句充满了灵动的奇妙的想象，即使在日常对话中语言也是俏皮而有趣。凡事兴之所至地全情投入，或许有些时日沉迷在小提琴里有些时日又终日揪住老师学唱歌发声；而有些时日则可能沉浸在传统游艺里，一抬头说把自己的艺术气

质玩没了而转身投入到四个月写出一本书来的热情里……这样一个至情至性的女子，可以为了一个诗文之约千里单骑可以为了学点语言风雨赴会，如此地好着，足矣。

林做着行政的工作，却喜欢摆弄农艺，还将太极练到我们叹为观止，在异国他乡的绿荫里如一只优雅白鹤，令外国朋友惊叹中国文化的魅力。当然，林更喜欢文字。我常想那些美丽的瓜果是不是因了她的文艺情结才如此可口的呢？而太极的行云流水与文字的云淡风轻是否暗生情愫？林有一个书吧的梦想，这想法我心下也有，所以当她还远在澳洲看望她的亲人友人时，听到她的感叹时我便切切地与她遥握了。林爱文字那样地爱着她的农艺和太极，同时爱农艺和太极一样地爱着她的文字，这两份爱让林很特别地穿越着，因此我们明白，太极自然有着古文化的深邃神秘，而农艺其实是文艺着的，而文艺只有在土壤里才鲜美可人。

雪依旧热情着，退休后的日子，逢圈中聚会，她便自告奋勇担当召集人的信使。雪曾写过《惠民之州》，如果不是深爱这个城市，那样的文字应该写不出来吧。用感性的文字写无数关于这个城市的美，关于西湖以及西湖边长眠的苏子和他的诗句，对于玩文字的我们来说是容易的，但如果通过自己亲自地深入了解真实感受，用真实的文笔平实地记录这个城市的建设历程和对她的情感，我认为是难的。而如果你是真文人又在政治之外则更难吧。

烟真是一个烟一样飘逸的女子，我刚认识的烟穿着宽大的白衣白裤脱俗地美着，来自

南越之地却毫不影响她把苏派越剧唱得如诉如泣、九曲肠回。但烟的文字之老辣却让你不得不回头再确认该文字是否出自这个形似柔弱的女子。烟以她冷幽默的笔写着女人男人以及男人女人组成的世界，自顾洒脱着。我再认识的烟还是那么清瘦，穿着长长的布艺裙，目光还是那么清亮，但我想应该更有故事了吧。

宝的才情和性格着实让人喜欢。宝很有才情，但据园主说，宝有些懒于展示她的才情，一幅画可以精雕细作很久，但拿到画时又觉得这等也值得了。每有聚会时宝都会扮上唱两曲，原为汉剧女小生的她可以是热情的西班牙女郎将大红的玫瑰别于发际惊艳众生；也可以是《红灯记》里的小铁梅以正气凛然样震撼四座。宝总是快乐的也豪迈的，举着酒杯叼着烟时也会安静得令人琢磨不透。但依然年轻的宝已做奶奶了，由不得你不惊叹。

莲的美丽长发一如瀑布倾泻。她的画展展出的画作有许多关于飞天与佛陀的主题。我在微信里给她发消息“莲步生花，因你而来”，意在表达那些菩提的主题那些飞天与佛意所带给我的，对当年敦煌之行后对那片神奇土地的迷恋以及对那幽远神秘历史的敬畏的回忆。但，莲让人不能不侧目。莲有才华莲也很勤奋，看到图文边含笑的眼神，你会说就是这个女子了吧，似曾相识的不只是人，同时也是你年轻时的梦想与其不期而遇时的感叹吧。

杨有个着迷于她的外籍先生，杨还有她着迷的沙龙事业，她一直在嚷着要办一个她自己的基地，用来与同道中人一起共享，用来经营

她的梦想，当然我们知道这是不容易的，但我们都热情着她的热情，我们也相信着一份美好的愿望没有不实现的理由。于是，就看着那基地四层拔地了。杨的外籍先生自然是无比崇拜她的激情与梦想的，何况杨同样也画着她的画同时画着她的美丽梦想，兼有着她的黄梅戏专业唱腔。

荣也是画画的女子，我对她不太熟悉，但有专业媒体评价其画“充满鲜活性”“给人一种不可言喻的感动和震撼”。对我而言，那份不熟悉却让我能远远地欣赏她的好。荣的侗族大歌和民族风情的油画不时辉耀着群里的时光。她一如画画的女子喜欢美追寻美，一次酒会上有人不经意说她放下头发比挽着更好看，她立马把挽好的头发放下来并逐一问同桌的我们“我是不是这样比较好看？”，其率真可爱一如孩提实在难得。

莉是可园主媚的蜜邻，一家四口都是画家。且不说画，单说长袖善舞自然有她，舞姿曼妙不输年轻人，而她与家人摄于街头的照片更让我看到了她对生活推心置腹的热爱。而我要另外记载的是来自媚提到的逸事，她说莉隔几天会提些家里小动物的有机肥去给可园的花草菜蔬施肥，她也会跑去商场买来自认为漂亮得不得了的床单径直跑到媚房间把媚的床单换了，就这样一个可心人儿。

谷刚加入群且因是画画的女子，我还不认识，但未见其人倒先睹了其油画新作，确是功力了得。而其近日在万亩梅园写生的近作渗透出的浪漫与清雅，瞬间令人产生隔世之美，我

忍不住一再点赞。但因尚未谋面，在这里就不好妄加想象多说了，但未谋面便有了一份谋面的向往，所以且留着念想吧。

我呢平日里也弄点文字，但如上提到的因从事了行政事务，又经过无数次考试方过得河来，见不得不合理之事之人，倒将温婉不小心练成了“暴脾气”，时时忍不住将市井万象付诸笔端，私下屡窃笑自嘲，遂改投目光于文史古建，以期沉淀沉静。故自然喜欢这可园时时提醒我那些温婉的事那些字画之外的情怀。因为这份喜欢，看到媚悬在园子檐下的“可园”以及可园里那些媚不经意间的美丽细节便不可遏制地要将这份美丽分享了，所以要求建了“可园花事”群，难得的是善良的亦文亦画亦歌亦舞的媚立即将花事群建得如可园一样悦目而悦心了。

这些个女子的事还在美丽地延续着，我且将话题提起，留待你们更精致的画意与工笔吧。

客家人，风中的种子

即使经过了一千多年的变迁，即使穿越了所有的大江大河和季节变换，依然不会走失他们的印记和精神家园。他们用山歌、用饮食、用语言，以及那神秘的围龙屋，来保护着他们的族群特征不被淹没，从而形成一个让历史认可的群体，也让那些流落在地球各个角落的同胞一眼就认出自己的群体，找到自己的根。这就是客家人，让流浪的土地也能变得如同家中的火炕一样温暖一样亲切的客家人。

他们用围龙屋围起一个守望相助的集体，他们聪明地用酿豆腐代替水饺表达对团圆和家乡的思念，他们用山歌保存他们的文化和群族特征……他们就这样千年不变地将中原的文明和黄河之滨的土地的温情传承，使任何一块土地都有家乡的味道，任何一个游子都能记得回家的路。

为了逃避战火和灾荒，他们从当初富饶的黄河流域到蛮荒之地，开始他们开垦的历史，开始他们守城的命运，也开始阐释何谓“客家人”。

是客居之人，所以不能占有那些肥沃的土地，但即使是被遗弃的贫瘠僻远的土壤，他们也能让上面开出娇美的花来。开拓和探险成为他们生命的旗帜，是他们生命的乐趣。于是，有了如今遍布全球的客家人物，从小有成就的农场主到香港的富商，从中国的将军、元帅，到南美洲的总统、加拿大的总督兼三军总司

令，他们用开垦的手书写历史，他们让历史渗入客家人的人文精神。

虽然客家人是因避战乱而南迁，但他们并不软弱，当异族入侵时，客家人总是敢于挺身而出，血战到底！大宋王朝灭亡一个月了，客家人坚守的上犹城，却久攻不下；大明江山已丢，剩的最后一座孤城赣州也是客家人在坚守；日本侵略军的铁蹄几乎踏遍了整个东亚，却对客家地区望而却步。“守城”成了客家人命运中挥之不去的宿命。

围龙屋外总是有一个半圆形的池塘，有人论证说事关风水，有人说事关安全，也有人说为了灌溉。但，如今的围龙屋，伴着她身边的一池清水，总是让走过的人听见曾经的光辉岁月，在风生水起时，传递他在孤独中炼就的傲慢，让你解读古墙上的枪洞和斑驳的痕迹里的那种傲视天下的冷漠以及沉甸甸的历史思考。

客家人“情系中原，根在河洛”，他们更多地保留着中唐的文明，那种对传统的继承和执着，也是使他们在人类发展中不被泯灭的原因之一。现如今，客家人已成为一个世界性的名词，客属恳亲会也已是世界性的了。尽管客家人有六千多万之众，分布在五大洲八十一个国家和地区，有“海水所到之处，就有华侨，有华侨就有客家人”的说法，而只要一碗客家酿豆腐、一句客家话、一曲客家山歌便能将流离半个世纪甚至更久远的心拉近，那些不论在中国大陆，还是香港、台湾，抑或华尔街、香榭里榭的客居心都被融化。这就是客家文化的魅力所在。

而客家女人将所有女性的传统美德传承得那样好，令许多男人感叹“娶妻如此，夫复何求？”（当然，我不是否定其他女人，我下面的话更不是否定女人独立的重要）。但当如今那许多可爱的贤惠的女子抛弃了外出工作的机会，将培育下一代作为全部人生全部事业时，客家女人为了否定社会上“培养孩子不是事业”这一说法、为了赢得与那些出入写字楼的女人同样的尊重，已实践了千年这一不可低估的事业，她们用自己的一生反问：“谁能说培养孩子不是一种事业？不是一份全人类都要关注的事业？”她们将自己的情怀煲成老火靓汤，用勤劳打造自己的家园，却并未因此降低她们的重要性，那些外出的男人，那些长大后远行的孩子，不论在海上还是陆上，那汤的醇香成为他们最美的怀想，妈妈的身影成为他们心底最动人的歌。

或许因为人类迁徙的宿命，人总是在走动中，如今的迁徙成了一种人类融合与交融的美好过程，于是，新客居的人们说自己是新客家，这些新客家人也在这份流转中，以他们的勤劳、开拓和进取，与老客家人相得益彰地共处着。而那些新客家女孩子们，也学会了煲一锅靓汤、做满桌美味温馨的客家菜、做一个朴实勤劳的客家媳妇，相夫教子的同时，她们也打拼着一片属于自己的天空，有滋有味地生活着。

客家人成了一个带着赞美与希望的名字，成了一种温暖的传递。

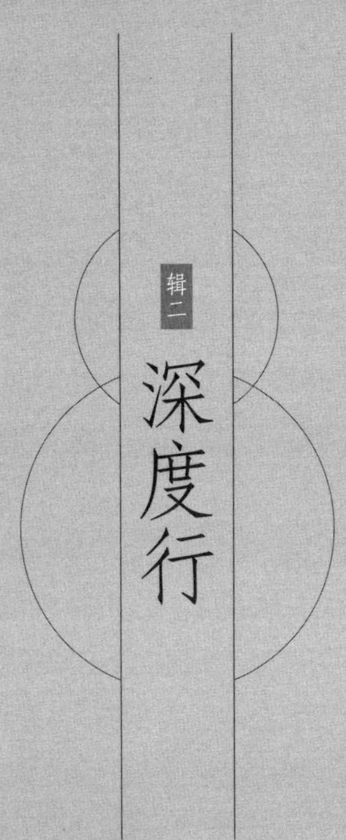
辑二
深度行

冰 纹

冰纹是蜡染制品上蜡干裂后、染料浸过自然形成的蛛丝般纹路。蜡染是布依族一种古老流传的手工艺，有力、单纯、质朴、粗犷，而贵州从十一世纪到十七世纪的蜡染在各地博物馆均有收藏。在各地走来走去，一直对那些粗犷的原始的民间手工艺品情有独钟，其间透出的人类的最初情怀让我时时沉迷，但直到在贵州安顺看到那些蜡封的半成品时，我才明白。

蜡染的精美在有些人看来，是蜡封的时候，没经过加热脱蜡时，有一种蜡质的光泽，有玉的润泽，一下子高贵了许多，等到脱下蜡

衣，便真正回到了最质朴的样子。这种质朴在有些人眼里，是老土，在有些人眼里那是纯净。但质朴在有些人看来就是老土，并不是可以赏识的品质。脱蜡后，那些走动而变化的冰纹就是她最初触碰不得的记忆，是从华美走向朴实的印记。

蜡染的图在最初只是反映刀耕火种、郎情妾意、母爱深情、稚子童心之类，到如今，将各种时尚刺进去封起来，在这种古朴与现代的交融中，冰雪消融的同时，最初的美似乎也在渐渐减少，感觉有些不纯正起来。

贵州，听起来与“贵族”音好近，即便不是贵族，但也是宝贵一州，在那时取名的帝王心中一定不是轻的分量。而贵阳作为森林之城，敢称“林城”，在如今的环保急渴时节，森林成为人类宝贝的时候，这片土地的宝贵处应不言而喻了。但人们印象最深的是她是如何的穷困如何的落后。

息烽集中营，在如今的绿树掩映中，还能听见那些宪兵跑步的声音、看到行刑的惨烈。在狱中诞生的孩子被那些日日痛苦生存的革命者取名“监狱之花”，与那狗洞一样的感化室、兽笼一样的居所、不忍目睹的刑具相印证，那可爱的孩子和墙上美丽的诗句以及麒麟洞里的两位将军是那个黑暗而没有人道的地方留下的冰纹。而那场震惊中外、在世界军事史上成为经典的“四渡赤水”，在漂亮的讲解员原本温柔的声音转为激昂的过程里，那场战役重现，而女孩声音中流露的骄傲不亚于当年那个指点江山激扬文字的男人心中的骄傲和荡气

回肠，乌江从此不再只有江水，而成为一种印记。这也是冰纹。

在宾馆大堂看报纸时，我读到关于“他留人”的记载，首先不是新奇于少数民族的民俗，而是对这个“他留人”的名称有些特别的感觉，引起我许多想象。屯堡人是明代人的继续，保留着那时的民风那时的民情以及那时的情怀和向往，是历史缝隙中为那个有些多愁善感的君王时代流下的冰纹。但“他留人”呢？是一个特别包容的群体吧，还是一个被遗弃的群落呢，我没去问，怕一问倒没了那份想象和神秘了。

第二次踏足贵州这片土地时，天天阴雨绵绵，从炎热的地方一下子走进了春秋的雨季，清凉、湿润，将凉薄的夏衣罩在秋天的外套里，似乎将四季的轮回穿在身上。秋装的鲜艳给这阴霾的雨季，内面沉静的色调才是自己的，如同脱蜡后的古老手艺。表面我并没有特意去看这个云贵高原上的森林之城，但那些建在山上的城市叠嶂的景致、雨水润泽过的总是绿而湿润的树木、那为了一张水瀑唱尽所有华美词句的舍得和大气以及走过的听过的想象过更有历史见证过的点点滴滴……其实并没有走离我们而是感染着，如同脱尽蜡衣后的冰纹，留着那些走不了的记忆，印证着当初的美丽和辉煌，让人无法忽视。

小镇华年

一直认为每个人都有个改变人生的小镇记忆，从农耕走向城市的过渡。

那是我最美年华的小镇，大概也因了那些年华太美，所以如今回去时常常失望，物非当年物，景非当年景，人当然也不再是当年的人了，甚至连那空气中的味道也不再是那样子的了，所以忍不住偷偷地失望，却又因了失望而不敢太多停留而更加不再理解她。但却总是忘不了。

那个小镇有我唯一的姑母。所以，那个小镇就是姑母了。

据说姑母年轻时参加革命，也因此与来自资本家的姑父闹决裂几至命案，最终姑母失去她的花容月貌。中华人民共和国成立后姑母住到这个小镇，小镇里幽深的巷子里，两边人家咫尺之间，相距一米，隔街相望，面面相觑，却可以不言不语也不尴尬。关起门，小巷安静灯光迷离，幽幽地透着历史与现实之间不真实的神秘气息。

姑母的房子很小，前厅我们基本不停留；穿堂而过，后面是厨房和小菜地，是我们最爱待的地方，好吃好玩的都会在这里出现，姑母总是会变出令我们梦寐以求的惊喜。中间有小阁楼，后来成了我们的卧室，有点畏高的我在很多年后还因那份恐惧梦到爬上阁楼半空中悬而不着的慌乱。

就是这个小巷就是这个小房子，充满了传奇色彩，打开了我们童年幻想的大门。

小镇始建于元朝，很多年都是商贾云集之地，是周围几镇几乡赶集之地，境内甚至有新石器时期文化遗址，有盛唐时期佛事旧址，二十一世纪初英国天主教堂故址，地理位置扼武汉——大洪山之要冲，属历来兵家必争之地。如此可想而知有多少不得为人知的秘密，加上姑母总是念叨听到墙内有动静，所以我总是对姑母的房子充满了寻宝的好奇心。后来有一天，地面真的出现一个洞口，在里面发现成坛的钱币，由于不懂其价值更没有商业头脑，被小人趁火打劫加上遗失，姑母依然清贫。但房子却归于平静了，却更令我对它的前世今生充满了好奇。

小巷呢？在我的记忆中，那些巷子又神秘又美丽，我不知是因为它的神秘还是因为它的美丽，总是迷失，多年后的梦境里还有小巷的灯光黄黄地暖暖地神秘莫测。很长一段时间我都梦见自己在小巷里穿行迷失，在暖黄的灯晕里走着，却没有恐慌只有一份独处的温润。

一米之外的对面人家总是让我产生一个旧华章里小家碧玉的猜测。大大的鹅卵石铺就的小巷被清晨开门倒出的洗脸水泼洒得吸纳所有的晨光，无比地美艳。

镇上有一家电影院，我不记得我有没有去看过电影，但非常记得每当有电影时姑母就坐在家里炒瓜子，用旧报纸将其包成一小包一小包的三角包，然后拿去电影院门口卖，葵瓜子南瓜子的香和柿饼干的甜，以及在电影院门口

的场景，成为我的高级城市生活记忆。

赚了钱的姑母总是给我买各种好吃的，我却曾因空腹贪吃柿子导致胃痛，喝心肺汤被那肺吓到从此抗拒此物。我无比惊叹姑母用肥肉熬炖的甜汤，毫不油腻美味无比，从而明白为什么姑母一直皮肤粉嫩红润，可惜没学到方子。后来姐姐曾制过，初始我很是抗拒，一尝之下就找回了小镇的感觉。

花香与灼热的太阳似乎都留在乡间记忆里，姑母的小镇是一种远离乡间的市井之香以及文化气息，由此这份记忆带着墨香。记忆里的姑母是有学问和智慧的人，连同那个小镇也是从前世走来的遗落民间的大家闺秀，难掩暗香浮动……

后来有乡人回去提起这个小镇，我几番欲

言又止：“君自故乡来，应知故乡事。来日绮窗前，寒梅著花未？”

很多年后，我们终于回去探望那个小镇以及旧居。姑母已不在了。年少的孩子总是低头奔跑，因为对成人世界的胆怯对未知自然的慌乱。这么多年第一次抬头审视这个老屋子，才发现外面马头墙呈现的徽派风格，由此推论房主是从徽州之地迁徙来的商贾，为躲避战乱将钱财藏匿于地下和墙体。

房子几易主人，新主人还知道我的姑母，让我们进去看看，此时才觉出里面的窄逼和阴暗。而小巷子却短短的容不下傍晚的阳光，余晖深重地斜出来，投在远处的河床上，如同时光的刀痕……

文字上的行走

——从婺源到宏村

“细嚼梅花读汉书，漫研竹露裁唐句”，这是我在宏村一座老宅子的柱子上看到的一副对联，其中温柔长远的韵味让我一下子就记住了。不知是不是因为码字的关系，一直对文字相当着魔，中国的文字无疑对我是一种宿命般的寄托。因此我从不怀疑自己是因为对文字的热爱才迷上写作的。

从婺源到宏村，是一条旅游热线，对一般人来说那是一趟美丽的古村游，于我，除此之外，我一直觉得自己是在中国美丽的文字上行走的，很神秘很历史很惊奇……

滕王阁，首先就因为一首美丽的序而名扬天下。

有个朋友从云南回来，因为纳西东巴的文字而激动不已，因为那个小小地方将中国象形文字保留至今。东巴文化是纳西族的传统文化，因保存于东巴教而得名，已有近千年的历史。东巴教是在本民族原始宗教的基础上与汉、藏等民族的文化因素兼容并蓄而形成，以祖先崇拜、自然崇拜为基本特征。其教徒称“东巴”，意为“智者”，他们集巫、医、学、艺、匠于一身，是纳西传统文化的主要传承者。至今保留在民间的东巴象形文字，共有一千四百多个单字，被誉为当今世界唯一活着的象形文字；用东巴文字记载的东巴经文典籍，多达两万余册，一千五百多种，内容凡

哲学、历史、宗教、医学、天文、民俗、文学、艺术等无所不包，堪称纳西族古代社会的“百科全书”。这些经书被收藏于国内外许多图书、文博机构。东巴教共有三十多种祭祀仪典。用于祭祀仪式的法器、画卷及著名的《东巴舞谱》，无一不是中华文化艺术之瑰宝。东巴语中有句俗语：“自写自念，高山流水，人写我念，断犁缺锄。”概括了东巴经的这一特点。

回头写宏村忍不住把这个古老地方的记载照搬留存在这里。

在街边一转头便会与一些文字迎面相撞，这普通的小街便文气十足起来，很文化了。

有文字的装点或许淡化了一些表面物质的东西，但透过这些被无比美化、修饰过度的文字，我总是能看到一些其他的东西。

李坑村是一座典型的小桥流水人家的村落。村边生活的人们已成为其中一景，他们在水边浣衣在小院里编织，他们成为游资的一部分，他们已习惯了人们的观望与探究，表情里是厌烦过后的冷漠，只剩下对物质的寻求并以此来安抚因人群杂陈带来的不安。站在木窗棂后面，望过去，李村的人家与流水，透着一份忧伤。

三清山，有豪情万丈的石头，悬空的栈道让畏高的同行如临大敌，下来还作匍匐状，我们笑谈“如今世道连乌龟也要打横走”，但，半山云蒸霞蔚让那些凌厉的石头也绕指柔了，眩晕的深邃带给我们害怕并让我们享受着令人无法呼吸的美。路遇的磨崖石刻，如同一个远古走来半空走来的招呼和问候，很大气很天地。

到达皖南“种墨园”时细雨霏霏，一路的

谈笑缄默了，我们在叶挺将军当年的柴木小灶前听将军的故事，看到当年的烟火以及为后来历史纷争留下的暗示；捧着花束，围绕着纪念墙默默行走，周围安静只有雨声，不知这雨点是不是从当年的皖南一直滴过来。似乎此行全部铺垫就是为他而来，前面的热闹更衬出此时的肃穆，如今的舒适繁华里当年的血雨腥风，一整本历史书在我们面前展开。

看到龙川林立的牌坊和牌坊上密密麻麻的文字时，我想这些风雨里坚强的石头，是一本功名簿还是一份亦功亦过的见证呢？！

看到宏村，我只有一个感念：“这是份无法独自坐拥的美好。”有一种人，当遇到时会很欣喜，但却因为那非人间的特质又让我认为不应属于任何人，所有世间俗事都不该在他身上发生，一种不食人间烟火的味道……如文物，如这些美丽村落，只能远远地放在那里，放在世界的边缘，让人欣赏……村边写生的学生是最和谐的一群人，其他人群都是喧声杂影……这种执念注定了我最终的失落，因为毕竟都是世间人世间事，人，世俗地生活着，物，世俗地被物质着，堆砌万般美好文字，也书写不美丽。

村子老屋子林立，处处点滴都是历史的精致，木雕精美似乎还透着当年香气……走过时我伸手触摸，木纹咯着，那隔了年代的木质抗拒着现代的亲近。

每个大堂都有精致的木几和木椅，当年会客的笑声与倾谈似乎还在耳畔，转过身，身后的喧声消失了，只有这些木椅木桌在时光的

阴影里了，有些很远的人便回来了，低头，我便闻到微微的兰香与花茶，看到当年的衣衫鬓影……

探身，看到阁楼的木梯森森地幽暗着。正二品的回避牌立在堂后，当年的威风与华彩清凉着，在夕光里瞪视着如今的浮华与浮躁。

天井的阳光穿越时空地照过来……我常被这些光影吸引着抬头看上去，在天井的上面四角便看到一些美丽的鸟兽雕塑，立在空气中俯瞰众生……这些界外的世外的感觉便常萦绕不去，令人不敢乱发言。

每一座老房子里坐着的老者都可能是一个翰林后代，著书立说，解读历史。而此地拥有的历史奢侈地铺排着他的深沉与深邃以及华丽的乐章，让我们感到自己的单薄与卑微。

贵气与冷艳之间

——从北京到上海

走在北京的大街上，即使是看着那些华丽现代的建筑，透过那些二十一世纪的窗户，似乎依然看见上几个世纪着青衣或云裳唱着京戏的女子，在那些现代化的华美和喧嚣后看到的还是一种冷艳的寂寞。在傍晚时分，一些写字楼的半中式西式的窗户里没有了灯光和人声，冬天的冷风和阴霾扫过，那种透入骨髓的从历史蔓延过来的冷漠寂寞更加明显更加深刻，如同那个唱青衣的女子，在落幕时忍不住独自萧条着。

导游不停地讲述着北京的历史，北京人中

的人杰的历史，那些已过去的辉煌，却让人更深地感受着那种失落。

当年过度的尊荣只会更衬当下的不堪。无法超越，唯有回望。

颐和园里的长廊，非常精美，那么多的故事在那些雕梁画栋间流转……什刹海的绿萍飘在水中，就这么冷冷地淡淡地浮着，不着根也并不在意那些追根溯源的事。和坤府前的大狮子蹲了百年，当年看着官场中人进进出出起起浮浮，如今又探头探脑饶有兴趣的，有何区别？兴亦一个字，亡亦一个字。衰与荣，也就一念间。而十三陵里清冷的空气，倒是别有一番韵味。那些历史的眸子在帘下斜睨着街市的繁华热闹。

上海林立的公馆没有北京遗少支撑的勉强，

在高大梧桐树影里还是一味地自我着不知人间地傲骄着。

那些历史上的文人骚客商贾豪门，大概因为各有领域各自风华，所以少了因北京与政治依附太紧导致的自我缺失，拥有朝政时的过于膨胀没有自我在失去政治后就会更加的没有自我，一片迷茫。

所在，上海始终骄横地在内心自我优越着，无论政治更替钱财来去，始终认为有才情的才情还在，只是时不我与；产业没落的，也曾经白手起家恃财自雄过，所以，没了豪宅没有香车，依然一袭锦衣华服旗袍绣衬，撑一身的贵气与骄矜。

从北京到上海有个天津，市井气息很重，因为那份平民气少了很多因为过于贵族与书生

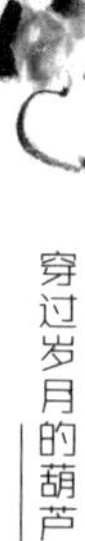

的做作，因此少了些文绉绉的失落感，变得明媚起来。塘沽口的炮火也压不住这个城市为生活而迸发的热情，天津包子的大气和天津女子的豪气一并在街景里生机蓬勃着。

而那条横贯了许多座城许多个省许多个朝代的长城，无疑是最牛的符号了。

从西周到明代，当年宏达的军事工程如今不过人人可征的景观，但不减其牛气哄哄壮哉壮哉，长城上美人“烽火戏诸侯”，且不言是美人的不是还是诸侯的悲哀抑或王的不争，代代相看言笑却代代相袭。

我当年带着年幼的儿子站在长城垛口看春天的山南山北春风万里，后来和友人冬季看长城的落寞肃杀，生无数人世之叹，而于此城皆不过如此，他看尽的何止风花雪月人间冷暖，无论万里悲风千里鹤鸣，战功政绩，都抵不过时光一瞬，横在那些曾经荣光无限娇贵无比之间的，不过此一城矣。

布达拉宫的爱情

又一次看西藏影展，无论多少与西藏相关的节目，总会是那一座叫“布达拉宫”的建筑打头阵，那建在戈壁中的辉煌总让人产生许多神秘和不相信的感觉，那份突兀与奇异岂是人间的东西？！而下边注明：松赞干布为迎娶文成公主而建……却点滴注解着最人间的东西——爱情！

那个千年前的王者，不论是出于政治的目的抑或自我炫耀，为迎娶一位女子——不论这位女子是皇室之后抑或出身平民，他倾尽所有的智慧修建一座宫殿，让他的新娘可游可居，单是这份心也令爱情在戈壁中滋长成葳蕤的花儿和绿草。

不知是上天的眷顾抑或用心的坚贞，那蜿蜒庞大的全木质结构的宫宇竟可历经世代风雨和高原的阳光雪雹而美艳壮阔如初，引世代平凡的我们不远万里赴风赴沙地去观瞻。那是一座离天最近的人世间的传奇，让无数人向往。

当年的婚礼是如何的神奇呢？那个装着国家命运的豪情的女子，回头望着水草丰美、生活富足的家园渐行渐远，终忍不住悄悄落泪，转眼的风沙和荒芜令她甚至有一点后悔自己的一时冲动，她几乎要放弃当初的豪情，向往起中原舒适的生活和爱情来……但这时，一座突兀在天边的金碧辉煌的宫殿击退了她所有的犹疑，那在荒芜中的壮阔令她猝不及防地一阵眩

晕，而站在城楼上望尽来路为她守望的男子高贵的身影，在她心中激起一层从未有过的波浪，一种新奇的东西从此在她心中生长，她不知这就是“爱情”。那种失望之后遭逢的喜悦深深刻进她心中，伴在风沙的岁月里，时时有微笑从心底泛出，令她的青春放出异彩，容颜不老，爱情如神话般地在沙漠中生长。

这一想象让如今的女子羡慕不已，在许多人用笔构筑着不老的爱情神话而现实却一次次加以否定的时候，那个沙漠中的王者却以一件最实观的建筑阐释着最有说服力的现实。这不免令女人们有些自轻，令讲求速效的男子以为太累大可不必，于是不断有怨妇不断有恨夫，而那远嫁的女子更深地在沙漠和戈壁的夕阳下微笑起来……

走过西藏

西藏人不吃鱼。刚进藏不久，在经过雅鲁藏布江时，女导游白玛说："雅江里有许多鱼，但都没有鱼鳞……"我们马上想到了"水葬"的事。但她说："像我们现在这个团有二十人，吃一头牦牛也有多，但吃鱼的话，二十条鱼也不够。这就是一条生命和二十条生命……"这就是西藏，生命在这里是平等的，也是珍贵的，鱼的生命不会因为个体小、不会发出声音、易活而卑微。

尽管西藏以放牧为生的藏民常常有几千头的藏绵羊和牦牛，他们的藏袍贵的达十几

万甚至上百万一件（当然以前多是贵族才拥有），但他们个体表现出的外在形象让你以为他们并不富有，那件价值连城的藏袍或许布满了污渍。到城里来与农民交换青稞的牧民成群结队集在路边，背着简单的满是污垢的行囊，带着煮食的炊具，以一顶小帐篷为庐，甚至就以天地为庐，却自得其乐，如同吉卜赛人的流浪情结。而藏区的孩子呢？在纳木错湖畔，我看到在寒冷的风中，几个孩子穿着薄薄的开裆裤……而我们穿着厚厚的棉袄；在八角街我们常因围上来的乞儿而放弃下车；在羊卓雍措湖畔冰冷的山石边，围着的孩子伸出黑而干裂的双手，向我们仰起黑色同样干裂的脸……我不太敢看那些孩子的眼睛，我也没有产生半点的优越感，心里面是揪心的内疚和不安，因为我们被叮嘱尽量不要布施（注意，她们不是说施舍，而是说布施），更不要扔东西到车外，一方面怕出事故，另一方面，是因为白玛说的话："你不能保证每个孩子都得到布施，那些得不到布施的孩子内心被你造成的创伤，将抵销你布施带来的善意，所以不如不给。"

尽管如此，尽管到处是这样的孩子，但，整个西藏每一寸土地都透着骄傲与荣光，从不会让你产生自我优越的心态。每个人脸上都是祥和与宁静，看不到商业化的浮躁。

每天清晨围着布达拉宫转经的阿妈，手中牵着小狗或山羊，在我们气短难挨地登上布达拉宫时，心里面只有一个愿望：那就是给我多一点氧气吧。但那些老阿妈专注地转着手中的经轮，眼中没有我们猎奇的表情和毫无尊重的

相机，连同她们的狗和小羊，也是一样的专注和用心。

在大昭寺前，是无数磕长头的虔诚信众，她们额头的汗珠连同藏袍上长途跋涉的风尘一起在阳光下闪着光，发梢散乱，膝头磨损，但腕上的佛珠整洁地记录着每一次长头磕下去时的心无旁骛。在站立的我们面前，伏下的她们显得相当高贵。进藏前，我曾以为我看到这些磕长头的人群时会不以为然，但，当我站在那些静默地五体投地的人群边时，我失去了呼吸，一种庄重和神圣感让我们停止了叙说，语言在这里是多余的。

在布达拉宫，在哲蚌寺，在大昭寺，在扎什伦布寺……都可以看到华丽的五色土的地面，柔软、舒适，充满弹性，走在上面没有一点声音。从白玛口中才得知，这是西藏妇女用手工夯出来的，是她们义务为寺院打制的；在这些寺院中，你还会随处看到昂贵的宝石，镶嵌在班禅和达赖的灵塔上，甚至在地面上也可见珍贵的绿松石和天珠，走在上面，真是一种奢华的感觉，似乎那是佛才该享有的荣华，而这些珠宝，许多都是藏民自觉捐赠的；还有那些日夜不灭的酥油灯，是那些藏民从自己家中拿来的，当你知道那些酥油是多不容易提炼、多贵重之时，你就会感叹他们的大方。

西藏，全民信教。对佛，他们是那么大方和舍得，他们相信，“舍”才能“得”，甚至，他们只想着“舍”而不在乎“得”。他们的所有行为都是为了佛祖。精神上的依恋，让他们对自身物质的需求降到最低，一把青稞、

半杯酥油茶，果腹足矣。在世人的惊叹中，那些随处可见的美丽景色，那些终年积雪的绝色山峦，绿到极致的草场，五千米处的雪山环绕中的圣湖，对他们而言全是身外之物，是漫漫转经路上的一双脚印，是游牧途中的一处休憩地，仅此而已。

一路上，白玛给我们唱了很多歌。在旅途快结束时，白玛给我们唱了一首《拉萨酒吧》："拉萨的酒吧，这里什么人都有，就是没有爱我的人……拉萨的酒吧，这里什么酒都有，就是没有我的青稞酒……拉萨的酒吧，这里什么歌都有，就是没有这首歌……"白玛平静地唱着，眼睛望着窗外，窗外是画中景一样的布达拉宫和隐约的雪山，但我，听来却是无尽的迷茫和伤感。或许这就是西藏的美与另一些状况冲击的迷惑吧。

从日喀则回来的路上，我们经过了一座天葬台，透过雨雾的车窗望去，那个高高的台子并没有什么特别之处，想象在那上面的场景，也是非人间的感觉，大概因了那台太高，太接近天宇。白玛说："有个天葬师的女儿，长得奇美，但却始终没有人愿意娶她。那帮助人们完成生命最后历程的天葬师，身份相当低微。"

念青唐古拉山山口以及冈底斯山口的寒冷的风中，那些写满细小经文的经幡在风中飘扬着，白玛说："经幡在风中吹一次，就相当于为亲人祈福一次，念一遍经文……"

当停落在世界上最高的机场——贡嘎机场时，从眩窗望出去，在那空气稀薄的格处幽蓝的天空下，衬着雪峰或雨后绕着山腰的云雾、那些

几乎伸手就可以挽来披在肩上的白练，让那些没有寸草的山脉毫不单调，而是相当润泽和神圣。转过一个山角，或许就会看到一尊佛像，祈祷，甚至被写在山崖上，刻画在石缝中。

我来时，西藏还没有铁路。而之后不久青藏铁路，终于要开通了。这条凝聚着无数人心血和梦想的天路，带给这片神奇土地的冲击会不会仅仅是那脆弱的生态呢？《拉萨酒吧》里的忧伤和落寞会如何演变，经轮的转动是否还将依然有宁静的气息？但，至少，那些孩子伸出的手心里将不再只是太阳紫外线灼伤的痕迹了……

阳关调

——丝路印象

如果沙漠里也生长红玫瑰……而沙漠里真的有红玫瑰哩！

用了二十多年的时间冥想那条充满了驼铃的寂寞声音、丝绸的柔软与华丽、珠宝的异域色彩以及沙漠的冷寂和枯燥的迢迢阳关路，如今真要成行时，那幼时因迷恋于那些在年历画上反弹琵琶穿着华丽的轻盈无物的薄纱的唐代美人而记住了“飞天”这个名字的那份神秘和向往一下子扑面而来。“秦时明月汉时关”“江畔何人初见月，江月何年初照人”学

着叩问生命的无极关怀对我的个性影响……所以，在整个行程中，我的憧憬和沿途对远古的那些驼铃的驻足聆听的心情是可想而知的，而那份永恒与不确定的冲击沉淀下来。

馕·跳艳舞的女郎及其他

那条漫长寂寞的丝绸之路，本是一条充满男性色彩的商道，但在今天的我走来看来，却处处弥漫着女性的色彩，是那个在卖馕的摊边跳艳舞的女郎引发了我的这样的思考。

馕是新疆最普通的一种食物，大街小巷都在烤制这种硕大的饼，我以为一个足够五个人吃吧。当从那些反映新疆生活的影片中看到那种摆在葡萄中间的食物时，我曾以为是贵族的食品，但原来那不过是最平民化的主食。去天山天池的路上，我被动感的音乐和围观的人群吸引，走过去看见一个美丽的新疆女郎在卖馕的摊档边跳印度的艳舞，为了招揽顾客？馕的朴实与舞蹈的艳丽，形成反差，除了让我感受到新疆是一个善舞的民族，也让我感觉到一种过份的铺张。

而随即，我将领会丝路上的女子穿越时空的力量。

在没有一丝雨水的滋润没有一点生命感觉的高昌古城，再一次看到那些在残垣断壁下弹冬不拉的老人、跳新疆舞的小姑娘时，我不觉得那是一种乞讨，而是一种艺术的行为，很神圣很纯净也有一些悲壮。我很想给点钱又怕亵渎了，没给却又让我难受了很久，也许在那为

学费或生计而舞动的小姑娘看来，我们是一群多么冷漠的人……没人知道我内心的矛盾和难受。同时，我第一次发出疑问，他们为何不迁徙而是选择死守？

待我看到了风景如画的葡萄沟，在葡萄架下面唱歌跳舞的小女孩和舒适地躺在荫凉的葡萄清香里的年轻的奶奶们……那种反差，令人不禁再次追问：为什么那些在没有生命迹象之地生活的人们不迁移过来？

在戈壁上看见绵延几公里的风车在风中旋转，那些伸在风中缓慢旋转的巨臂，让人感觉到的不是坚硬而是一种舒缓的柔软。在那份壮观中，有一种温情的诗意，如同长袖善舞的飞天，用妙曼的舞姿吸引众神，给人间祈福降下甘露，送来和风。女性的改造力与创造性。在没有生命迹象的地方创造生命，书写生命的意义，而不是遗弃，这也是一种力和抗争的壮丽吧。

我于是抑制不住地追念那从远古走来的丝路上的人们，或者说那些女性的身影所投射的力量。

如今走出嘉峪关站在那送别的孤亭里四望，还感受得到关外那种无人烟的冷清。导游小姐说当时的流传歌谣“走出嘉峪关，两眼泪不干，往前看是戈壁滩，回头看是鬼门关”，也是所谓的“春风不度玉门关”。然而历史上却不断有本是养在深闺的奇女子勇敢地走出塞外的传奇，她们用娇嫩的双肩担起江山社稷的沉重使命，用一双秀手挡住塞外的风霜雨雪、护一国子民保皇天后土的安宁。或许根本只是普通人家的小女孩，转眼成为王上的公主，却是为了一个悲壮的使命，

没有显达的欢愉，只有别离的痛和远足的孤独与寂寞，甚至生命的不确定。喜抑或悲？

江都公主首开汉与西哉乌孙国的和亲，以她纤弱的体质在沙漠里勇敢地前行，最终因水土不服而早逝，却种下了睦邻友好的汉传种子；后来，被誉为“乌都国母”的解忧公主更是谱写了一段传奇，自幼长在深宫的她不仅很快适应了草原生活，骑马打猎，更是成为乌孙国的精神领袖和文明使者；连解忧公主的侍女冯嫽也非同小可，成为公主的得力的助手和使者，被当地人尊称为“冯夫人”。而后来的文成公主更是千古传唱。

这是一部女人创造的历史。另外，这些在干燥中宁静地行走的女人，让这个少水的地域多少有些湿润的感觉，让人忘记了干燥与荒芜。

戈壁上种植的诗句

走进古西域，自然想到那个善写西域风情和军旅寂寞的岑参：

北风卷地白草折，胡天八月即飞雪。
忽如一夜春风来，千树万树梨花开。
散入珠帘湿罗幕，狐裘不暖锦衾薄。
将军角弓不得控，都护铁衣冷难着。
瀚海阑干百丈冰，愁云惨淡万里凝。
中军置酒饮归客，胡琴琵琶与羌笛。
纷纷暮雪下辕门，风掣红旗冻不翻。
轮台东门送君去，去时雪满天山路。
山回路转不见君，雪上空留马行处。

站在关外那个废弃的送别亭，我自然想到的就是岑参的这首送别诗，以及在诗中雪寒送别透出的浪漫主义情怀。在如今看来依然冷落的关外，如何产生那些浪漫的句子和心情呢？

那似乎走不到尽头的戈壁总在述说新疆是如何地水资源缺乏，远不是我想象中那芳草鲜美、葡萄香甜的样子，这时在沿途突现的那个叫“燕儿窝”的绿油油的林地便成了一种勾住我视线的所在。据导游介绍，周围那些废弃的土堆就是岑参诗中的轮台，如何在那些旧物中想象当时战争与军旅的壮丽与守望的清苦，而当初又如何在清苦中想象浪漫？“野旷天低树，江清月近人。”江是看不到的了，直至后来看到那片大海一样的青海湖，这是后来的事。一路上倒真的“野旷天低树”，只是树实在少，只有那些不用拐弯抹角的路一直延伸到地平线上，让人看久了疲倦也寂寞，我们的车似乎是唯一的，人在这里显得多么渺小和无助。我总在想，如果车子抛锚要等救援似乎是不可能的，一路上只有电线杆和路碑体现着人和生命光临过的痕迹，远处突现的建筑总让人生疑，人似乎成了这片旷野中多余的东西，破坏着自然的和谐……

但后来，我站在那“天下第一雄关”的城墙上，听到了墙外突然响起的古琴声，那仿佛从古西域传来的、从古西域一直未曾中断的琴声，似乎只是稍作休息，那突然响起的空旷的琴音将一路走来的枯寂的历史猜想滤得清清的，只剩下：在戈壁中坚韧生长的芨芨草、骆驼刺，以及被爱怜地称作“沙漠红玫瑰”的红

柳；鸣沙山那数不清的沙子中不会枯竭的月牙泉；莫高窟的雨，还有飞天如丝如缕的纱衣和飞翔的快乐……浪漫便产生了。

所以那些哈萨克人在大水闸上也写着“大水闸欢迎你”的字样。刚看到时，我以为“大水闸”是个地名，后来发现真的只是一座水闸；那些五颜六色的毯房边站着穿彩裙的老奶奶；用整座山峦来书写的广告词；参观坎儿井时，看见“风情坎儿井”，坎儿井也风情万种，给那从沙漠地下穿行的灌渠一种人性的感知和体贴；在天山天池时，导游小姐解释了为什么在这座王母的瑶池边没有蟠桃树：当初王母一时高兴让所有的树赛跑，谁先到达就在瑶池边生活。于是一路上我们看见了就地生活的挺拔的杨树、累弯了腰的榆树、秀丽的雪地云杉，而那本不必参加赛跑的蟠桃树方向感太差，跑错了方向离瑶池越来越远……我想象到那憨态可掬的树们的样子时，忍不住独自微笑，只有在这里，我们得以以这样一种心态想象那些树。

所以在这里，浪漫便成为一种俯仰即拾的与生俱来的东西。戈壁上也就可以种满诗句了。

酥油花·海市蜃楼

几人有勇气用自残的方式来作画？何况是一幅保存不了一年的画。大概这就是那种宗教崇拜产生的力量，唯一让人感动的正面震撼吧。这就是看见那美丽的酥油花时我的最初感叹。但事实是什么呢？至今我也不敢妄言。

许多的不可能在这里成为可能，就像反弹琵琶不可能在飞天成为可能；我当初以为用骆驼和双脚走出一条历史闻名的贸易通道简直是人类极限的挑战，因为这不是对耐力而是对想象力的挑战；当然我也以为自己不可能有机会真的踏上丝绸之路，我更不以为自己一生就可能看到神奇的海市蜃楼……这条蕴积了几千年一步步行走出的有着神奇魔力的路，让我一一目睹和感受那些个不可能，给了我表达不了惊叹唯有沉默的说服力。

当然，我首先真实地走上了这条从儿时就憧憬的丝绸之路；然后我一走进敦煌就看见了鸣沙山的海市蜃楼，后来又在戈壁上再见水天一色的美景，不敢相信那只是一种虚象，原来“眼见为实”的理论在这里是行不通的，这让人难免产生唯物的怀疑。

如果不走进塔尔寺，不看见酥油花，我会更深地感叹那些在沙漠被“黄金蚁”吞蚀的人们；看见在戈壁上的孤坟时产生了更多的怜悯和联想，或许那是个远走他乡的地质队员或许那是个独自远足从此失去家人也让家人无所适从的人；甚至在青藏高原的唐蕃古道上看见那些养蜂人时更多一番感叹……但我走进了塔尔寺，看见了酥油花。

在去参观莫高窟时，我很用心才隐藏住心里的激动和向往，因为我知道它的存在，我听了太多它的传说与故事，看了太多关于它的报道和描摹，一步步靠近时难免会手足无措茫然四顾。走进去时有一种神秘感一种神圣感，我也感叹人的那份耐力和坚持，所以在每座参观

的窟里的捐赠箱里我都放了点钱，同行的人以为我是因为信佛，其实我只是因为希望这些我向往了很久的来自远古的存在里有一份我的心意，这举动也有一份对自己多年关注的回答。出来回望时，想明白那不只是当时人们的一种宗教崇拜，原来还有文学、艺术、经济、科技，等等。我有的是一份还了心愿的舒畅。而那种感动也是预知的有备的。

但酥油花我之前没听说过，寺里的导游先是让我们一点点地参观寺院，最后才带我们去看酥油花，让那种神秘积淀起来却不敢浮躁地催促，一旦相遇，那种震撼猝不及防、扑面而来。酥油花原来不是一种花，而是一种用酥油制作的立体的如同蜡像的画，要用人的手指来捏制，非常生动非常精致。色彩过渡非常神奇，因为不同颜色的酥油混在一起来作画，如何过渡颜色我这个外行想不明白。而酥油很易熔化，高过五摄氏度就熔化成水了，所以在作画过程中为了保证自己的体温不高过熔点，作画的喇嘛必须让自己降温，将手浸在冰水里，所以，在整个制作过程中作者的手甚至半个身子都是麻木的。一件作品至少要耗时三个月，有人因此就坏死了关节甚至残废，而这种要以生命和健康作为代价的作品最多只能保存一年，在夏天来时就开始融化，于是要人为毁掉。不知当初喇嘛作画时明知会有这种惨烈这般不堪的结果何以还能义无反顾?

我想到了寺外做着“五体投地”的信徒们，还有在那些戈壁长路上一路匍匐的人们，是这种心中信仰的力量？还是愚昧的力量？

但，寺内的喇嘛是非常有学问的，精通多国语言，博学多才。显然他们不愚昧，那我只能解释为一种艺术的奉献与自我殉道精神了……

待看到那些美丽的堆绣，那种透出的华丽和柔软多少冲淡了我心里的压抑。

所以至少唐蕃古道上的养蜂人是不必忧叹的，他们甚至是幸福的，他们可以望望绵延的青青草原，可以沐浴清凉的风，有成群的绵羊和牦牛作伴，在夜里枕着日月山口倾听倒淌河叙说那些远古的故事和文成公主的叹息……

“是谁带来远古的呼唤？是谁留下千年的祈盼……”

心里心外是一种怎样的不同？关内关外是一份怎样的冲击？汉时的关一样地纵横着，在他看来，那些溢着香脂抑或蕴着兵戈铁马声的雨水和风霜或许一样，只令他一天天销蚀一天天清静下来；秦时的明月是不是真的亘贯古今地照着，在那上下穿梭的岁月中，她的沉默应该如同我一样，只因无法表达感叹，或者惊奇中忘了言语吧。

客从何来

大概因了自己是一个异乡漂泊者的身份，所以走进梅州客家博物馆时，便在第一馆的门前站住动不了脚步，门楣上写着：客从何来？

客从何来？一个近乎哲学的问题，迎面当头棒喝，将我定在那里。由于一份不确定的惶恐，我们总是不断追问自己的来处，在宗祠里立下牌名、在族谱里寻找根源，将自己的血脉代代传承着……但，回头问问，我们依然不知自己从哪里来，要到哪里去，人生的真正意义与价值不断拷问着每一个人。

对客家人总是心存一份敬畏，单是用这

“客家人”三个字标明自己的非主人的身份，其中的一份真诚与自豪就令我叹服。而几千年来，客家人在漂泊中打造的一份人文精神，更是人类史上宝贵的精神财富。

客家人本是中原望族，其骨子里的贵族气质与儒家人文思想没有在迁徙中丢失，相反，为了相互的认知与人脉的传承不断而被更加完善与重视地保存下来。

据说客家人经历了五次迁徙，从晋代开始的这些迁徙活动，让客家人如同蒲公英坚强的种子，在风中落地生根，开出烂漫的花来。但不知是为了寻根的需要还是不遗失种族的符号，这些四处漂泊的客家人，却并不因为不确定而丢失原有的一些文化符号，反而让更加鲜明而坚韧地保留下来，比一些原住民更多地保

留起传统的文化符号。

客家人非常在乎自己的姓氏，因此他们每一姓必有一本厚厚的族谱；每年的宗族祭祀活动也是相当隆重，因此，那些宗祠建得也是富丽堂皇，显示着每一宗族的荣华与繁盛；一些传统的菜肴几经千年而不变地保存着最原始的美味；而传统节日更是在客家群体中以一种崇拜的心情记挂和举行着庆祝活动。

客家人崇文重教，重视儒家仁善之德，同时有着富盈的智慧。他们常在门榜传承着他们崇尚的人文精神。所谓门榜，即在大门正上方镌写的简约格言，也有的地方俗称为“门楣”“堂号”，其文字多为四字韵语（另一种形式为三字），内容大多昭示姓氏郡望、嘉德懿行、警策铭记等，以标榜门户、荣宗耀祖、箴言子孙，极富地域文化特色。

千百年来，一份坚守让客家人没有丢失自己的文字、语言、风俗习惯，乃至食品样式，一款客家酿豆腐便将漂泊的心从千万里地拉回温暖的围屋，天井里的月光唤醒沉睡的时光。

所有这些，让漂泊的客家人有了不漂泊的精神家园和文化根基。世界客属会聚集着世界级的人才精华以及人文经典。如今一句“崖客家人”，不再有漂泊之叹，更多的是一份强烈的自豪感和归属感。

一个多磨难的种族这样华美地走过来，在历史长河中鲜明地流转着。而，如今的我们如何让自己鲜明地存在？问一句“客从何来”，不时打点自己的戎装，应该是有必要的吧？

现在惠州有一句流行的宣传标语“新客家，

老客家，在惠州就是一家；外地人，本地人，在惠州就是本地人”，加上惠州精神中的“包容四海”，让一些外地人找到了世界大同的认知感和家乡的月光。

而大学毕业便少女无知地来到这片土地的我，当初的自视甚高在几经打磨后，以为人生也就成个家过过有小家的生活而已，毕竟这是别人的土地。在内心里感到，所有的东西都不是我的，包括语言，始终是一份“客从何来”的外乡人心情，如同旅美作家於梨华所说：回到故乡，你是外乡人；在这里，你也不是本地人。你就如同一颗吹到岛上的沙，始终融不进。

但十多年过去了，许多像我一样的人，在这里营造起一片自己的天空。尽管较之许多本地人艰难，但因为是自己亲手打造了一切，相对那些含着金钥匙出世的人们便多一份自傲，更多一份珍惜，对于生活的体验也更多一份真实。而因为不断吸纳客家人精神里面的精髓，将一份坚韧与力量传承下来融进生命体验里，“客从何来”已不再是一份漂泊感，而更多的是一份自尊与自信，对外地语言的保留也成为一种对自己认知的坚持而得到尊重。相反，一些狭隘的地方主义被鄙视，被视为小家子气。客家人不也是因为这样一份坚持才得到世界的认可，才可能像蒲公英的种子一样到哪里也生根开花吗?

“客从何来？”只是一份追问，不忘记根本的追问，自我认知的保留，一份自信与坦然。世界大同的如今，遥远的来往无疑成为一种时尚与现代文明的惊叹，而不再是地域主义

或地方主义的小国寡民的心态了。

于是，我由衷地感谢最初的漂泊，感谢这片客家人的土地丰富的文化养分与宽厚的人文承载。由此，“客从何来”成了一句迎客的热情招呼了，让人心里生出许多温暖来。

妖之汤·媚之泉

一说到“妖”，或许就想到“不正当竞争手段”吧，而词典上正正经经的解释也是“妖，邪恶而迷惑人的……”此谓之妖。在这里，我宁取其后半部分“邪恶而迷惑人的……”而同来的那些女才子们总爱说大家是一群妖精，夸自己也夸别人，似乎一旦走入“妖精”行列，不漂亮的人也美丽起来，魅力大增，而本来漂亮的人更令人无法抵挡，于是大家都愿意做妖精了，也再不会大摇其手极力表白：“不是！不是！我乃良家妇女也！”呵，看来如今大家都不想从良了哩。其实，说者听者大概也宁愿断章取义着那些聊斋

故事吧，那些故事里的女子在着人形时，哪个不是美丽不可方物地令人着迷难以自持呢？纵你有坐怀不乱的修炼几万年的功力。是啊，要做得妖精，没有几千年、几万年苦练的道行怎成得了？没有几分姿色，没有几分才情，哪行得通呢？

而小小的汤泉，没有几分别人没有的妖，没有几分别处没有的媚，又如何吸引得住那些早已成精的眼球呢？

大凡风景名胜处，必要有山有水，必要山青水秀，还必要山青水秀得别具一格，特别在如今的人，如今到处找那失去的村落的现代人的观念中。

而汤泉，远在南越的这一块尽管也还算秀美苍翠之地，如何吸引众人飘浮的眼波？没有任何资料记载，也没有人肯花太多精力去为她作些铺排，而那个风流才情的苏东坡，一顾再顾之后，除将“一洗心中九云梦”外，也没有太多的记载，想借其为这兀自秀丽着的地方添些理直气壮的说法，也不敢太大声了。

我再次走过去时，本想弄清些原委，却几日来一直晕晕乎乎的，开始以为是来时身体欠佳的原因，久了，却发现，我只是被她媚住了，不禁想象如果有道人走近，一定会大发惊讶：此人全身妖气甚重，定被妖媚之气惑住也。

其实，别处也有山别处也有水，而简朴如此的汤泉如何盖过别处的山别处的水呢？大多数人会说：这里有温泉呀。是这个理，也不全是这个理。

别处有水，而这里的水是温温润润的，一天到晚将那些白色的雾气袅袅地拉过来轻轻

地披在那些草上那些雕梁画栋上，拉过来抚在你的脸上裸着的肩上，很奢侈地温柔着你的神经；而那些除去层层裹覆，像新生的婴儿一样浸在水雾中的人们，仰起头来只有星空只有明月时的心情，又是一份怎样的奢华享受呢？在我从小的记忆中，这是只有那些七仙女呀、嫦娥呀，还有就是那些历史上足以引起战争的美人儿们才常有的情形，水面上洒满了七彩的带着露珠的花瓣，四周轻纱妙曼地飘着，远处有香炉的香烟袅袅或香槟的琥珀色瑰丽着……而出浴后，肌肤滑润如新生儿，几天后摸起来还让手指尖颇享受，凝脂胜雪的想象由此而生，不由得顾影自怜，对日益粗糙的自己爱惜不已。于是，被迷惑住了。

别处也有山，而这里的山上却长满了红豆

树。那些相思的红色豆子，总在无人的夜晚在风中洒满一地，或随风洒进人家的窗棂，跌落枕边。于是早起的人望着“一地相思”发呆；午夜梦回的人不知相思因红豆而起，还是红豆因相思而生，更弄不明白庄周梦蝶到底要梦几回才梦得清楚……于是，那些最俗的人也想起一些不俗的话题，那些忘记了好久的青涩的梦又湿润了半世纪的风尘。

更绝的是，这里的山与水并不是各自孤立着，谁也没想到这不高的山居然还历练出一条瀑布，尽管小巧别致，却也是白水含珠，绿坪吐翠，让这里的山水之间多一层相连的脉络，多一层割不断的牵连。那句“一洗心中九云梦”在水中隐约，想来那许多个走失在这里的魂魄，一定也只是去寻那自己的精神家园了。

在那水下一定有个另外的桃园吧。

每次来时，满眼望去，总见遍地的草年年不断地绿着，却不见老地只管娇嫩。没有人迹，只有小虫子在做着四季都春天的梦；小鸡用自己的嫩黄来衬那份绿，走在无声的细雨里，那份幽静也只有天上才有的吧。站在曲折的廊上，望去总是烟绕出不尽的想象，总有芭蕉叶亭亭总有碧草连天……让人望了又望，却不敢长望，怕一不小心回不来，将心思遗落在了那里面。

东道主介绍说，这里有一道菜“汤泉盐焗鸡，皮薄、滑而脆……”，在那个细雨的大清早，我们去探寻汤泉的幽处……一只小鸡在草地上走着，独自占尽那一大片的绿色……试想，吸了那样的灵气，沐了那样的风露，听了那样的泉声，氤氲了那样的妖媚之气后，怎能不“啵啵脆”呢？于是，连同这小小的生命也拼尽了血与灵来成就汤泉的妖与媚，你又怎能不感动而被迷惑住呢？

小城变迁印象志

一个地方如果有许多传说，那这个地方一定是非常有吸引力的了。

当然，我现在说的“传说”不是传说故事的“传说”，而是人群中不时来一个关于小城的“传说”：传说小城要设市了；传说小城要撤市设区了；传说小城要被深圳抢去了；传说小城要通火车了；传说小城要建城市干道了……不同的是，那些神话传说永远只是一个寄托人们愿望的美丽故事，而小城的传说在一点点地被美好地变成现实。

一个地方，如果不时被人们记得被人们念

叨，应该有她相当的魅力与活力吧，试想，一个一潭死水的地方，有多少牵挂呢？又能产生多少“传说”呢？

这个小城如同一个在逆境中生存的孩子，因为不易，所以对生命有着极强的热爱，于是有着生存的韧性，总是一次次出人意表地光彩照人，闪亮登场。

从市里搬到圩里，一个刚起来的泡沫经济下的小镇，当时书店没几间，店铺没几种，人心浮躁，一切真像太阳光下的泡沫一样，美艳却毫无生命力和生存能力，随时会给刺破，化为乌有。人们随时想逃离这个小镇，于是一到下午，从小城返市里的车龙像飞鸟归林，小城一片遗弃景象，冷清得让人心寒。后来，用了制度留住人们，为了节省开支也为了活跃这里

的市场。留住人靠的是制度，留住人心却真的是这个小城渐渐展示出来的魅力。不只是在这里工作的本地人，甚至远在繁华一线城市的人们，也来了。

繁华过后，是撤市设区，将周边一些乡镇割走，小城由市变区。当然，从大处来说，这是好事。建设大概念市，是一种和谐社会最直观的体现哩。但对小城来说，这是个考验。许多经济重镇也随之剥离，人口锐减、土地锐减、营运车辆锐减，道路里程也在锐减……小城变小了，但，是不是“浓缩的是精华”？能不能将“小”变成“精华”？

如今，很多小城撤市设区已多年了。来看看小城人以及如今小城土地上的精、气、神。

小城女人淡如水。我一直想说说小城的女

人们。女人是一个家庭的精神面貌，同样，我也认为女人常常能表达一个地方的精神面貌。一个地方的女人如果都是温文尔雅，有学识有教养，我相信那个地方的消费理念一定是有档次的。试想，如果所有女人将时间用在陪孩子学习，将精力用来送孩子接受琴棋书画的熏陶、经营家的和谐、经营自身的修养，我相信那些孩子的品德和男人的精神面貌一定会相当不同。一个女人带动一个家，一群女人带动一个社会。小城街头的女人在逐渐变得漂亮，打扮入时了，说话细腻了，在灯下陪着孩子读书的情形增加了，周末和孩子一起学习玩耍的情形多了。而那些少儿艺术培训也不会如当初只是成为一个看点了，让孩子们更有才更有为更出色成为一种不必宣传的理念。而这些女人，

也逐渐变得自信起来，有了自己的天地。在举止神态间流露出令人侧目的恬淡来，如一杯宁静的水，日常少不得。那种淡，就成为一种力量了。

小城街头。作为小城人，总是见证着小城点点变化，光秃秃的小镇现在有了林荫匝道，连那条已不再有生命迹象的小河也开辟成了公园，那些木栈道、水磨砖地面和烧烤场，全然是一种温馨的质感，一种对生活认真的态度。新开发的楼盘以现代都市的气势宣布热销的理由和生活品质的回归。文化市场不再是以几间小书铺代言了，与全国同步上映的大片终于让小城人也“食头啖汤”，而不是“汤渣”了，平等与自信往往因此自然产生。各类商品云集，连锁店进驻。即使外来的打工者也不再只有完全排斥的滋味，逐渐找到家乡的感觉。小城街头，铺陈着一种想要的生活方式，而不是一种过日子的形式。

小城农村，人文回归的地方。如果说女人是一个城市的面貌，那么乡村就是一个时代进步与否的写照，乡村是一个无言的字碑。

在乡村，你会发现你所有美好的味觉嗅觉都回来了，蔬菜一定有露珠的清甜；米饭让你想起乡村田野的美丽；汤有妈妈的味道；所有水果只让你想到晨曦、晚霞以及童年时光。因为那份淳朴、热情以及真实，那些回来的人们都一下子亲近起来，那些从政或从商整天打拼的人们，在这乡间卸下铠甲，人之间的距离一下子成为邻家孩子一样的亲近。于是众人商议为家乡修路，为家乡建校。实行村村通公路，

杜绝失学现象。种植的季节满山挂绿，果实成熟的日子满眼披红。社会主义新农村不只是一个口号，而是实质上的东西。而亲情与关爱更成为一种可观可感可品的滋味。

如果说小城最初的繁华就如同一个在山里野外晒得黑瘦的人，一朝穿上西装，不只不协调，那繁华更只是一种深究不得的表象；而如今的繁华，却是骨子里的，经过了过滤和沉淀，变得细腻和深远，一种韧性的坚持，透过所有磨难努力传达小城人以及这块土地的精、气、神！

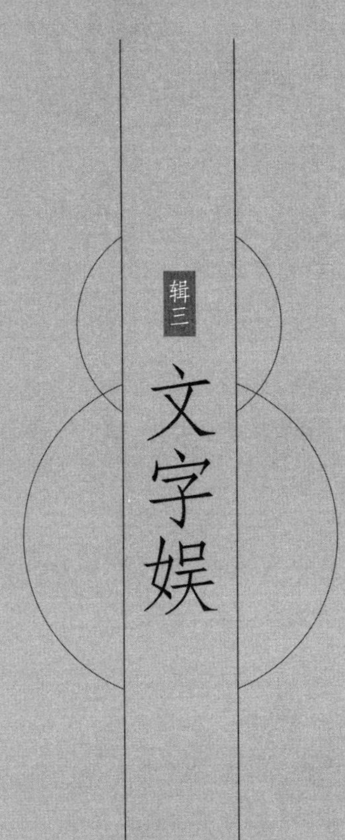

辑三

文字娱

黑　白

曾经应邀参加一个青年作家和文学爱好者的小型沙龙，临走时主持人出了个下次聚会的命题——黑白。结果时间过半，人人在电话中大叫其苦，说无法作下去，确实，黑白，如何说得清呢?

黑白不只是两种颜色，或者说这两个字反馈到人的大脑中的首先不是颜色，而是带有感性成分和文化色彩的。

作为一种世界性的中介，它是一切事物寻求发展的最初外部表现，最典型的莫过于最早的黑白默片了。

然而，也许因为它作为颜色的最初特性，是两种终极颜色——黑，吸收所有色彩；而白则反射所有颜色。由此，在西方，黑便代表死亡和哀伤；白则代表新生、纯洁和快乐。葬礼上几乎全是黑色，婚礼上新娘则以洁白的婚纱来标明纯洁和快乐。生命的诞生在洁白的产床上，婴儿出世后最早的服饰也是一条柔软、洁白的毛巾，因此承接新生与死亡、引领快乐与抚慰痛苦的神父便在身上兼容着黑白二色。

中国最早的服装却是直接用棉花制成棉线后纺制的，因而，当然是白色。然而，长者亡后，子孙披麻戴孝自然是白色，在染料未广泛使用前，人们用锅灰煮水后将布浸在其中，便做成了黑布。由此，黑布与孝服区分开来，但客人来吊丧时，主人却送一块黑色的布缚在手臂上为悼祭亡者，黑与白终究难以分割。它体现的那份祥和、深沉、玄妙，令人无法轻视。中国的道家文化将这种神妙体现到极致，首先是道士的道袍选用了这两种颜色，其次，那奇妙的八卦图上黑白两尾相连的鱼将道文化阐释至一种极致——相生相克。人生不过如此哩！

最不甘寂寞的文化呢？

除了道家文化外，被称为“国粹”的京剧中的脸谱就有无穷的学问。最为大众所熟悉的莫过于黑脸包公、白面曹操所代表的忠奸二相，尽管如今文人考证包公有过曹操更有其功，但老百姓可不理这一套，依然我生我素，认准了忠奸，甚至以此来讽喻当今，将世相淋漓倾之，让恶人自惭，无处遁形。

围棋的黑白二子一战却可令风云变色，世

人动荡，直达国格的尊严问题，让国人心紧系之，可谓厉害。

那位天才诗人顾城，仅以两句为诗，即令世人评说不尽。

黑夜给我黑的眼睛，
我却用它寻找光明。

黑白的理念在其中演绎出深刻的人生和惨烈的哲理，令万众倾敬。

江湖有黑白两道、有人“黑白颠倒”，似乎全不是好东西，然而花卉中的“黑”却为极品，“黑牡丹”“黑玫瑰”“墨梅”“墨菊”，可一睹芳容者乃万幸中人，为占有一份不惜用尽心机。然而，人人都希望自己的人生不是黑暗一片，当然也不是苍白无光，而是光明而灿烂。

黑白于我的确不是可以说清楚的，如何评说，其实，没多少必要，世界万象，如道家八卦图，相克相生，无法评说，无须评说！

茶　事

如今，很多人以善茶藏茶高谈茶文化为风雅之事，我不懂茶，也懒于日日冲饮泡之烦琐，口渴时，端一杯清水一饮而尽，自认为爽心清神，所以从这个角度来说，我无疑是个很不风雅的人了。

于是，为了附庸风雅，我也端一杯清水说说茶事。

但私底下，依然觉得，茶，是一种男性符号。

古时男人从外面忙碌回来，女人即“端茶递水”，其中茶水里有着一份体贴与温情，并非仅仅是女子的三从四德。自然，这里的茶更多的是举案齐眉的幸福，但无疑也是很男人的。现如今，在男人和女人都累极到家时，端茶的也还是女人吧，谁敢说不是呢？即使女人在外面一呼百应了，回来，依然未必有来自男人的热茶伺候吧，即使有，出来也不敢说吧。

男人间出来议事，茶水摆上谈判开始，茶成为男人谈判的道具。于是，古代案子有摔杯为号，发乱于杯盏间。而谈得融洽，“推杯换盏”未必盛的就是酒吧。当然现在女人也相约出来以茶议事，拈起兰花指端起青花杯，我依然想象那杯里装的是“滴滴香浓，意犹未尽”的咖啡。女人是感性的动物，在杀戮的商场情场官场，心底里依然是浪漫与温情的渴望吧，谁敢说不是呢？除非你不是女人。

夕照下，桑榆晚，暮归的农人围坐树荫里。几只粗碗，盛的是一天的劳累与秋天的梦想，漂泊的苦茶洗涤一天的辛苦与生活的辛酸，起身回家把宁静和安详交付妻儿。女人的身影从田间早移至灶间，笼罩在稻熟和柴火的香气里了。这是古画里的情形，你可见过树荫里品茶的女人？

工夫茶里有“关公巡城”“韩信点兵”的茶式，这同样是男人符号，怎不来一个“貂蝉踏雪”“黛玉寻梅”？不像了吧，茶是男人的，那茶语于是也有一种霸气和豪迈。一个壶配几个杯，一种君临天下的梦想一种占尽五湖气势的痴狂。当然，梦想而已，甚至只是我想当然的强加，如今普天茶事，人人借茶说事，又有几个真男儿？当有一天发现有不事茶的男人，倒让我见到一份清爽一份仙风道骨世外遗风的真味。

但有文字说：“茶是中华民族的举国之饮，发于神农，闻于鲁周公，兴于唐朝，始于宋代，中国茶文化糅合了中国佛、儒、道诸派思想，独成一体，是中国文化中的一朵奇葩。”玄得很！

所以我在这里兴之所至说得痛快自然要惹人不痛快了。赶紧附庸风雅，去品品茶问问茶吧。

陆羽《茶经》即有：“茶之为饮，发乎神农氏，闻于鲁周公，齐有晏婴，汉有扬雄、司马相如，吴有韦曜，晋有刘琨、张载、远祖纳、谢安、左思之徒，皆饮焉。”尽管无法佐证，多有非议，更有人说 “茶之为饮，发乎神农氏”在中国的文化发展史上，往往是把一切与农业、与

植物相关的事物起源最终都归结于神农氏。归到这里以后就再也不能向上推了。也正因为如此，神农才成为农之神。但于有限的人类史，茶事于茶人们可不是件小事吧。

但，茶也离不开女人。女人在茶里。茶马古道里有男人的家国梦同样有女人们的思念和千年之痛。

明代文学家汤显祖在《茶马》诗中这样写道："黑茶一何美，羌马一何殊。"茶马古道原本就是一条人文精神的超越之路。

木霁弘等人认为：茶马古道是当今世界上地势最高的贸易通道；是民族融合与和谐之道，它见证着中国乃至亚洲各民族间千百来因茶而缔结的血肉情感，是民族迁徙的走廊；它为人类寻找永恒的家园提供了许多实证；是佛教东传之路，是世界文明的主要通道。在茶马古道上，多元文化开始融合。这些历史一样厚重的大道理很在理，但毕竟是厚而重，非常人所能承受吧。只是走上茶马古道的那份勇气、力量和忍耐令所有人肃然起敬。但我还是忍不住浮想联翩，不知格萨尔王是不是在茶马古道上唱他的歌，而仓央嘉措又是不是在这雪域里的古道上写下“你见，或不见我 / 我就在那里 / 不悲不喜……”的神圣的追恋？

所以，你看，我的修炼多欠缺，茶之所以不为我这种小女子所狂热追捧。

为学那些女强人们，于是也学着去泡杯茶来，但最终还是无可救药地倾心于花茶，那种枯萎后再开的神奇，如潘多拉魔盒蛊惑着世间人；绽放又绽放的美丽，我相信是许多人心中

的梦想吧。而在清水中释放花蕾包裹的秋日阳光夏天蝉鸣冬天雪，令小资的我们悬想不已。记得刚工作时曾把一首关于茉莉花茶的小诗压在玻璃板下很久，当时只是喜欢其中的小哲理和那种几乎可直观的美丽绽放，还记得其中的句子：

在滚烫的激情中
坐逆旅旗亭
再开
依然是朵朵纯白的梦

依然小女子而已啊。但自嘲地想想又何必做那些失去性别之美的角色，争那些失去性别符号与丧失人性之美的事儿呢。男人有男人的天下，女人有女人的世界，不是很好吗？

令人敬重的是那茶马古道上的坚韧与勇敢，现在温室里的人们捧着茶杯又在暗地里琢磨些啥呢？喝茶而已啊……喝茶吧！

书中自有黄金屋

现在的人写书是越来越有水平了。如果是家有儿女读书有成的，立马出一本育儿经，比如哈佛女生哈佛男生哈佛小子之类的；如果出名又闹了离婚的，就来一本我的前夫我的前妻我的前岳父母什么的；实在没办法的就拿自己的隐私说事，这就是时下的“身体写作”。

在我说，开这些写作方式的，前者怪那个中国末代皇帝，写了一本《我的前半生》；后者就怪那后来写了《×都》的人。

但，人家那个末代皇帝，真是为了忏悔，其中的酸楚真是感人，其中的历史意义真是非同一般，再说了，人家也没有为了赚多少外快而写作，人家其实也没赚到啥子，早早仙逝了。再再说了，人家可是一皇帝，其中的看点可不是一般人可比的。当然，出了哈佛生的，自然有许多值得我们学习并为培养一杰出后代借鉴的。但那些个拿身体写作拿前夫前妻说事的，就不知有啥子可比性了。不过，因了那书中的黄金效益，对他们来说，卖卖隐私也就无所谓啦。何况现在多少人为了一点小权一些小利，卖了父子亲情，早拜那有钱有势之人为父，“嗻—嗻—”有声地做起奴才来；更别说出卖自尊又出卖灵魂的，早急着有啥卖啥啦。所以相对来说，那些写书的还是靠自己的劳动致富的吧，没有害人更没有害咱百姓，相对来说还“高尚”许多哩。出了隐私官司也是他们

自个儿的事。

其实那些看客也是助长这种写手如此写法的另一大原因，就如同人们对位高者的敬畏和艳羡，以及位高者自己滥用其位高权重而赚一己私利从此生活水平社会地位一跃再跃而导致人人趋之若鹜、铤而走险。同样，现如今看书的看客们也是越来越刁钻了，不新鲜不热辣就不过瘾，深究功夫非常了得，探索精神非常了得，连《水浒传》一百单八将中那一百单五将的老婆是谁也要研究清楚，《红楼梦》中宝玉爷的玉是产自哪里、林妹妹园中的竹是啥品种也要弄个明白，更别说如今那些明星何时换了情人何时得了小感冒了……如今由香港娱乐界发起的保护隐私声讨大会，声泪俱下呀。但这些娱记也觉冤啦：看官们爱看，如此才有销路，如此才有财源来，为生活计，他们也就只好出此策了。尽管也不乏本身爱好刺探此类新闻之人。所以各位看官，你们是有责任的啦。

从最初意义上，从最初印象上，书，是一种神圣而神秘的名词，能以书本或以文字流传的，必有非常之处，能作书作文者必有非常处过人之处，所以倘有某文录入课本，那是天大的殊荣，我读书时就曾幻想自己有一天有文载入课本被无数人读，白日梦发了无数个。而那些个以生命保护书籍的故事更是增加了书本的神圣、庄严以及神秘。另外，在考试制度森严的时代，读书改变命运的必由之路，让无数“秀才”们相信“书中自有黄金屋”，哪怕如今要筑“黄金屋”已路子多多。据说有儿子打台球打出国际水平的老爹很“牛”地说“我儿子不读书照样能行”，尽管后

来为了国际影响，为了自身形象和发展，也悄悄收起“牛”劲，让儿子上大学充电去了。所以，还是读书吧。

不管时代怎样变化，真正好的书才能流传下来。而如果我们将书中的“黄金屋”泛以“财富”代替的话，那么真正广为流传的书才成为真正财富，也才能带来最长久最真实的财富，而在某种意义上，有些财富是那些出卖隐私写作的人永远无法企及的。

与非洲有关的美丽与伤害

看《走出非洲》时，我还是一个大学的女生，充满了美好的梦想，梅里尔·斯特里普用温情与爱演绎了非洲大草原上动物与人的相互依存。动物人性的美好、人动物性的丑恶，在那原始美丽的生态中毫无遮拦地展示着，于是有一种触目的美与刺目的丑。再后来是《与狼共舞》中人与动物零距离的温存，人与人越来越远的冷漠。因此掀起了一股非洲热，许多人把走进非洲当成实现人生挑战或者完成生命命题的最后一站。

两部片子在二十世纪末的大学校园里非常

流行，我们看完译本还要看原声才觉过瘾，或许是受那种世纪末情绪的影响，因为当时正在流行的还有《百年孤独》。又或许那本就是一种人性衰落的关注与担忧吧，这种人性沉沦的情形并不会因为一个世纪的结束而结束，而是一直存在着，只是借了那个世纪末情绪来宣泄罢了。

现在是二十一世纪了，可以说是一个新世纪刚刚开始。人类是否如新生般美好而充满生存的理性呢？但整日扑面而来的是一些来自社会和来自人的信息和世相。天天有伪劣商品的报道，毒米、毒菜，有毒的鱼、有毒的日用品……甚至空气都是有毒的，人们连自我解嘲地说“什么都不能吃，那只好吃空气了”都做不到了。而来自人的呢，到处是不公平的交易，是贪污受贿的官员，是打着阳光工程的黑色项目，打着阳光用人的“任人唯亲”。社会变得令人生厌，生活无法让人充满爱与和谐，当这些恶劣的现实难以改变时，人们只好说“算了，由得它吧，及时行乐好了”。于是，连信念也颓丧了。

某个周末，几家人带了孩子结伴去鸵鸟场玩，因为听说那里有几千只鸵鸟，想让孩子们更加直观地了解自然界的生物。

朋友们问这些鸵鸟来自哪里，老板说：“非洲的，非洲鸵鸟。”

天很热，鸵鸟们被分区圈养着，身上的毛稀稀落落，三五成群地低着头在一个小盆里吃着饲料，身子高而大，那长而细的脖子在起落伸展间形成很是奇怪的景象。就餐时，老板很热情，不断地介绍鸵鸟肉的美味，特别推荐

的是某种有特殊功效的汤，还有一款菜叫“一掌定江山”。我们没接受老板的介绍，但这丝毫没减少他的热情，他开始展示起他的鸵鸟皮带，翘着屁股让我们摸他的皮带，并让我们分辨这与外面买的鸵鸟制品相比有何不同。

我想起鸵鸟在危险来时也喜欢将头埋进沙里，翘着屁股在外面，那是一种令人忍俊不禁的单纯，却也是一种令人哭笑不得的愚昧。

“一掌定江山”不过是用鸵鸟的脚掌做的菜，那两只在沙漠和草原上飞一样的掌，我不想因为它如今被动的命运成为一碟菜，那是对那种原始力量与神奇的不尊重。

在非洲草原或沙漠里的鸵鸟的皮毛是无比洁净的，因为，在风里飞奔时，那些羽毛是抖得响的，逆着夕阳，是可以透着美丽的光晕的，绝不是现在那种稀落肮脏的样子。

大草原上有许多美好的故事，非洲有人类的美丽梦想，非洲还有大量的黄金。然而，非洲还有饥馑的母亲和无助的孩子；有战争与种族歧视的种子……不知那些为了援助非洲母亲与孩子的善良人，在遇到非洲黄金时，是否一如让那鸵鸟的飞腾掌翼变成了一款“一掌定江山”的小菜一碟。

我说，不管怎样，鸵鸟的眼睛还是最美的，长睫毛，大而圆的眼睛。但那在非洲草原上的美丽眼睛里看到的是什么，还有没有家乡原野上的风情呢？

那些“除了桌子脚不吃，什么都吃”的人类，一定又在不耐烦我的絮叨，笑我小资了，因为那些美味，我也不时吃了，虽然我偏爱素食，

但却不是绝对的素质主义者。当然，我说乳猪乳鸽之类别让我吃，但，成长了的就可以吃了吗？有人说，它们长大后一样给吃，你不过是虚伪短暂的善良与小资情绪而已。想象那些小东西的样子，我只好打住不说。

于是，面对孩子的困惑时，我只好指着童话故事书说鸵鸟妈妈如何如何。而童话故事里的鸵鸟是这样的：用她美丽的羽翅迎着太阳展开，并用她的翅膀为孩子们阻挡沙漠里的酷热；用他强有力的双脚在沙漠里奔跑，如同逐日的夸父，享受着热力与强风。看童话故事书插图里鸵鸟大嫂性感妩媚的样子，鸵鸟宝宝任性骄傲的样子，世界便温和多了。

非洲大草原的美丽，一如我们少年时的梦想，一如最初我们对生活的祝福。美好却总是一不小心就受到伤害，那些原始的美丽担忧，等到下个世纪末时再叹吧，如果人类还有机会叹的话。

天使有时忘了飞翔

密西西比河上曾发生塌桥事件，事故中的人们如此描述："杰米说她当时在现场，大家都在互相救助，她说，他们就像天使一样""伯恩特发现许多人在惊叫，他于是帮助其他人离天大桥""雅各布参加完一场婚礼，正准备上高速公路，突然看到大桥坍塌，他赶紧跑过去看有什么可以帮忙""事发时，一辆载有大约六十名孩子和老师的校车正在桥上……桥塌后，校车附近的大卡车司机爬出大卡车后，马上帮助孩子们离开，他说：'我们帮助孩子离开大桥后就告诉他们赶快跑。'据报道，巴比诺和其他志愿者当时马上抱起孩子并将他们带到安全的地方”。

在有些时候，事故中的人们让天使重临人间。

我们这个文明古国的今天和昨日，也有许多的天使。但有时，天使会忘了飞翔。

发生在新疆的那场灾难，可能令我们永远都不愿意回想，那是一场充满耻辱的事故。在那些悲壮的情节里，更多的是对于那些悲壮的震恸。

下面是报载。无须其他文字。

1994年12月7日下午，新疆维吾尔自治区教委“两基”（基本普及九年义务教育，基本扫除青壮年文盲）评估验收团到克拉玛依市检查

“两基”工作。12月8日18时，由克拉玛依市教委、新疆石油管理局教育培训中心组织，在文化艺术中心友谊馆举办专场文艺汇报演出。全市7所中学、8所小学的教师、学生及有关领导共796人参加。演出至18时20分左右，舞台正中偏后北侧上方倒数第二道光柱灯（1000W）烤燃纱幕起火。火灾发生后，由于电工被派出差，火情没有及时处理，迅速蔓延至剧厅，火势越来越猛，产生大量有毒、有害气体。而通往剧场的七个安全门，仅开一个。事故中323人死亡，132人受伤，直接经济损失3800余万元。

在这样重大的事故发生后，没有人引咎辞职。而，所谓责任人也最多只判处有期徒刑七年。一审判决后，十三名被告均不服，提出上诉。如果他们不服是因为有别的责任人逍遥法外，那我们理解；如果那不服，是因为对自己的处罚，不知上帝会不会也因为愤怒而发抖。

我在这里转摘了两位博主的评论，相信那是所有正直的人心里的声音。

在此次火灾中，唯一让人怀念与尊敬的是那些以自己的血肉之躯掩护孩子的教师。人们后来发现许多老师的遗体，不是张开双手拉学生，就是扑在学生的身上——老师们在危难时刻，分明是在以自己的血肉之躯，在最后掩护孩子！

这次火灾中有四十多位老师在场，却有三十六位遇难殉职！这些教师不愧是在烈火中永生的英雄！”

我想象不出人类历史还有过比克拉玛依大火更无耻的、更黑暗的火灾。

当年的克拉马依大火造成325人死亡、132人受伤的惨剧，死者中288人是学生，另外37名是老师、家长和工作人员。

悲剧之所以悲，主要不是因为人数，而是因为当时一句‘学生不要动，让领导先走’。这是全世界几百年来最无耻的语言。

重读这些相关报道，心里压抑得难受，无法看下去，只好打住。即使事隔多年，或许事隔时空无数，我相信重读那事故报道时，人们还是一样会难以平静的吧。相信上帝也会因为愤怒而发抖。

“民选的官员为百姓，官选的官员为自己！”正因为关注到官场的不振之风，正因为倾听到百姓愤怒的声音，中央开始强力反腐。不论你官阶多高不论你背景多厚，钱财买来官衔却买不来自由和清白。对此，国际上拍案叫好，论起中国官场反腐，我的外教老师多次说“了不起”。我想，那些失去的信念和失去的生命，或许只是为了天使重临而作的浴火之举吧。

夏 殇

2009年，这个夏天，许多人离开了这个世界，我感叹：生何以堪？死何以堪？

7月11日，两位大师同时离开了。

季羡林，“国学大师”“学界泰斗”“国宝”，荣誉学术等身，学界无比尊荣，但大师多次撰文辞桂冠。我想，对他来说，回归自己是最开心的吧，本人名号已远超称号，再者，离土地越近，越想本真轻便吧。于人生，带着“赋得永久的悔”和“牛棚杂记”，其他言名功利一切明了；于亲情，儿子与其一生交恶，“遍寻白发无一根”时方相见，方是大憾吧；于爱情，结发的没学问上孝公婆下慈孩子，有情的终身痴等，无疾而终。而最后，财产纷争四起，身前是尊荣的热闹，身后是纷争的喧嚣。

任继愈，国家图书馆馆长。在我的印象里，图书馆馆长就如同一座图书馆，是学问的代名词。而他真正树立了中国图书馆的学术地位，改变了图书馆馆长只是管理者而非学者的通病。任老把总结中国古代精神遗产作为自己一生的追求和使命，还原中国传统文化的本来面目，著作无数，“一辈子不担任挂名主编”，凡编必亲躬。其谈佛文章被毛泽东同志称赞“凤毛麟角”收入毛选。但任老却多年不想谈此事，想想其心情的复杂人世的复杂，真是非言语可能表达。但他身上消之不去的上古之见，却让我们看到了真正的大师风范。

两位学者都是儒家思想之地的山东人，相差年纪不到三岁，同在这个夏天同一天离世。任老组建并执教西南联大，让我对其人生以及人生理念更是好奇，此处且不论。

这个夏天还发生了新疆打砸抢烧暴力事件，多人死亡；还有飞机失事，地震、山洪、煤矿事件以及三鹿奶粉案件审理，背后都是生命的消失以及我们看不见的伤痛。

7月21日的《南方日报》报道："老屋人家一夜痛失两女儿""叠好的衣物、挂着女孩甜美证件照的单车、两只硕大米色的毛绒熊……"让我觉得无比刺痛，一个普通的人家，一个仅以亲情为慰藉的生活，一失皆空。

生何以堪？死何以堪？大师留下巨著，

生，以此为荣；死，以此为尊。普通人的得失之间却纤弱无比，寸得寸失即为全部，所以，关注普通群体的人生幸福与不幸，需要更多的悲悯之心。毕竟世间多凡人，你我终凡尘。

一个时代可以没有大师，但不能没有大师的标准。一个社会可以有悲剧，但不能没有悲悯。

鱼的心事

鱼说："你看不到我的眼泪，因为我在水里。"

海说："我看到你的眼泪，因为你在我心里。"

这是一种浪漫的说法，在此不论，我想说的是鱼类的真实生活。即在如今的环境下，鱼的心事鸟儿的眼泪。

源起一篇报道：又一艘油轮沉没了，这是二十多年来沉没的第八艘巨型油轮。在这个数字的背后，是鱼虾贝类等海洋生物的大范围毁灭，是每年数十万只野生海鸟丧失多项生存能力而被饿死和冻死，是多种有害物质渗入海洋生物食物链，进而威胁到人类本身……

油轮沉没所带来的灾难中，最引人注目的就是泄漏的燃油对海洋环境以及周边野生生物造成的生态灾难。

“威望号”油船所泄漏的数万吨燃油，导致了西班牙西北海岸大片海域被污染。这个海岸对于海鸟和其他海洋生物来说，是重要的停留和迁移地。大量海鸟生活在海洋里而很少飞到岸边来，这些鸟包括海雀、三趾鸥、长鼻鸬鹚、黄腿黑嘴鸥和极度濒危的巴里阿里海鸥等，此刻，它们正一刻不停地在油污中挣扎。

燃油一旦黏附在海鸟等生物的体表、羽毛和鳃上，其保暖、游泳、潜水、飞翔等能力便会丧失，最后只能冻饿交加地悲惨死去。据一

位正在西班牙参与救援的官员称，在污染最严重的海域，泄漏的燃油有38.1厘米厚，一眼看去海面上一片黑，偶尔可以看到几只遍体油污的海鸟，奄奄一息地躺在海滩上。

有毒物质进入海洋生物食物链造成的灾难还有燃油溶解后的分散状态和乳化状态所造成的污染。这是由油膜经溶解、分散等一系列过程转化而来的，这一过程极易产生多种有毒化合物质。

致命的是，海面浮油内的一些有毒物质会进入海洋生物的食物链。据分析，被污染海域内的鱼、虾等生物体内的致癌物浓度明显增高。这一方面毒害海洋生物本身，另一方面可通过食物链最终富集在人体内，从而对人类健康造成严重危害。

我看到大幅的照片上，大量的鸟在油面上挣扎，而那些被污染的鱼应该沉到水底呼吸了。

禽流感时期，大量的鸟被人类哄赶，不再被亲近，于是，许多鸟类栖息到密林和海边，相互观照。我想象那是一场鱼与鸟的对话，关于人类对鱼类的捕食对鸟类的亲近。如此面对共同的拒绝，它们一定聊出了哲学的思考，从而成为互为共存的睦邻，答应春暖花开时，从北方飞来看鱼，而鱼回流相聚，从此与人无关。

一场油轮事件，将友谊的小船打翻。而由于不见鱼影，甚至误会鱼是诱因，鸟儿在挣扎垂死之际，一定心中诸多激愤之辞。然而，那第三方却只做些事后诸葛亮的补救，无关痛痒，直到真正的灾难到来。

人之间如此。国之间亦如此。

看不见彼此的眼泪或许生死已相依；看见眼泪，或许只因唇齿相邻，福荣与共。珍惜方有久长时。

果实的惊艳

草地上洒满了一个个成熟破壳的板栗。在绿油油的草地上，板栗的外壳尖锐的刺显得特别被包容，而板栗在这壳里透出深咖色的光泽，神秘、光洁而漂亮无比，如同一个个小生命，破壳的圣洁。

这是我第一次见板栗变成糖炒栗子前的样子，惊叹了很久，这景象也记挂了很多年，不写出来可能还放不下。

一些果实从出生到蒂落，从内到外都是很美艳迷人的，比如火龙果，比如樱桃、葡萄。幼时青翠欲滴，熟时娇艳无比，一艳再艳。最

绝的是那些稻田、紫云英田地，从绿油一片时就引来无数沉醉目光，而后来金黄一片，更让无数诗人长叹。而紫云英那一望无际的紫，高贵神秘，却要被翻整成肥料，实在令人不忍，所以是不是因此有了个美丽的名字……这些果实，真正的一艳再艳。

最娇情美艳的是向日葵，自始至终，都要将脸蛋向着太阳，真正的“天生丽质，不怕素面朝天”的傲娇态，也不怕引人妒忌，呵。

但有些果实将自己的美艳收藏着的，用那些拒绝的外表盖起她的华丽，如果没胆探试的，那就只好错过惊艳的时刻了。

像板栗、榴莲、波罗蜜、山竹、稻谷……果实破壳时的美，不能错过。外壳的不美，只是为了保护果实的光泽美艳，一如母亲的心情。而此时，又到了母亲节。

看过一个视频，几个人去应试工作，问：“一天工作二十四小时，没有报酬，没有职位，没有奖金……你愿意吗？”自然人人都不愿意，有人大喊：“这是什么鬼职业？！”面试官淡淡地说：“母亲。”

母亲在你一天天美艳时却一天天长起皱纹白发，腰板也不再直，时装再穿不出味道，眼神不再浪漫。不过，正是这些不美的外壳才包裹了你的美艳，让你得以绽放的一天，而外壳的美艳已根植在你的美艳里，所以不要骄傲要谦逊。

铜人的温情

现在好像很流行铜人或仿铜雕塑，第一次在国内某大城市步行街看到体现当地文化的铜人雕塑时，我很是新鲜，觉得也挺不错。栩栩如生的雕塑展示着地方风俗文化，整个街面一下子生动起来。走累了，坐在那个擦鞋的小凳子上和低头工作的擦鞋娃聊聊回家的路，和那个卖油郎说说家乡的槐花，和那个说书人讲讲“醉打金枝”的对错……

但后来，这种雕塑多了起来，无论是什么主题的公园都整两个雕塑，甚至将橱窗里呆板的模特摆在景区，这就不再是艺术品味的提升而是庸俗了。

让人开心的是那些体现民俗风情的真正艺术雕塑的讨喜。在那些人物形象上，无论是稻田里的山河对唱还是夏夜里讲神话传说做点心的少女卖针丝的货郎，都是满脸的快乐，乐在其中的热情……这无疑让路人在行色匆匆相视一笑淡了职场的相争生存的不满，于是，这铜人便温情起来。不论昼夜抑或风雨阳光，一直那么温情而欢乐着。

就这样，我撞倒了那座著名的铜雕。布达佩斯多瑙河边的铁鞋。六十双铁制的各色鞋子所纪念的那些残酷的大屠杀，深深地触动着每一个人。目光所及，每一双律动的鞋子，都让我们看到无数面临死亡悲痛和愤怒的身影。空置的鞋子，又同时折射出屠杀者的冷漠与可恨。

1944 年至 1945 年间，匈牙利犹太人有六十万人被杀害，这个数字占匈牙利犹太人的 70%。

逝者不能被忘记，而屠杀也不能被忘记。

南京大屠杀中，中国平民被屠三十多万人。我们建了专门的纪念馆，历史再现令人义愤填膺。但转身我们就去日本疯狂购物仪态尽失，那些入日本籍生活并反对中国记录关于日本侵华点滴事迹的中国人更是令人齿冷，不想提及。

另一方面，人们想问的是，当年几个日本人何以就能屠杀成千上万的中国人？当年的沉默自保与如今的默认奴颜是同样灭顶的可怕。

不要嫌弃你的国家，没有国家你什么都不是。更不要自甘于落后与不自觉醒，沉睡与沉默是一样后果。

铜人尚有温度，血肉之躯何以堪之？！

当一只鸟遇见另一只鸟

一则笑话。

冬天来了，一只候鸟南飞，碰到了一只南方的鸟，候鸟说："由于人类对环境的破坏，导致天气变化无常，现在我们一不小心就会感冒。"南鸟说："感冒就吃点康泰克吧。"候鸟激愤地说："笨，人类感冒叫感冒，我们感冒那叫'禽流感'啦。"

我不知道南鸟们听后是什么反应，是否一哄而散了？

给儿子讲故事，讲到一只小天鹅去看去年见过的北极熊爷爷，并一路探望她的好朋友：

小鹿哥哥、金毛狐狸、小兔子、小松鼠……无比欢乐的走亲访友行程，真是世界大同天下太平的氛围啊，讲着讲着我自己都被那种温馨感染了，童话世界真美好啊。

不过童话世界可真骗人啊。

现在谁还看见大雁南飞，一会儿排成一个“人”字一会儿排成一个“一”字？谁还能从成群的麻雀判断明天是否要下雪了，从燕子在垂柳间低飞知道“二月春风似剪刀”的情形？谁还认得蜻蜓的翅膀萤火虫的灯笼？

是高楼阻挡了大雁南飞还是空气刺痛了燕子的眼睛？抑或地不分南北人不再分东西？非大一统而是气候也乱了阵脚。

在这时节这人群密集的地方，看见一只鸟儿那可就是稀罕事儿了，我想，一只鸟遇见另一只鸟也是稀罕事儿吧？不是没有鸟，而是鸟都在笼子里，不在天空的鸟儿怎能称鸟？而不作人伦的人又岂能称人？

官　威

古代的官们显官威是很有一套的，先是龙虎阵候着，一见有人上堂，立马“威——武——”声起，让来人先自己脚软起来，不自觉对着“老爷”跪下了。来人一跪下，老爷们自然立马更加高人一等去了，审起案来自然自我意识膨胀，自以为智商一窜老高，结案时一句“老爷我还不比你明白吗？”于是威风显赫着。

那时的官们在百姓眼中可是“爷”字辈的，不管你多少岁，一旦着那官袍，可就成了爷。你是青天，更是百姓眼中的“青天大老爷”，供着捧着，一旦有个啥事，全家人的生路，甚至小命都靠你哩，可不能让“爷”出点事。

如今的官们要官威更是很有一套，要得到位又微妙。

当官的讲究排位，这是众所周知的。某些人坐在台上不知道讲什么，在台下不知道干什么，但一定知道自己照相开会吃饭排坐该是什么位置。万一有次被排低了位次，脸色一定非常不好看，甚至有愤而起身拂袖而去丢了脸也不顾的，并且记恨这主办方人员和单位很大一阵子甚至一辈子。台上之人盛气凌人，但事实上他们不知其实台下的人看着常抿嘴而笑嗤之以鼻。

曾闻某女官，年轻气盛，不可一世，以为某位置非其不可，不得则四处狂言“自弃之”或对手求其让之于是拱手。狂自然有其狂的理

由，为利之故，官场中多人为其撑腰呐喊，于是不可得后却安然另谋一位且有步步高升之意，自然更是不可一世。每有空位即张狂“领导早属意于我”，居然也屡屡得手令人惊叹。偶参加一活动，主办方不知其来，且因不设主席台座位，仪式简化，故未列其位于台上，而与其同级之人多有站台下者。则见其先是一旁冷眼，之后独自阔步上台自立台上，其气势却也吓坏主办方和台上嘉宾，忙忙退让移位，台下惊叹拜服。她的口头禅是：“要摆正自己的位置。”一则昭告千万别忽视其位置，一则警告手下低头做人别越位更别觊觎其位置，对这种人来说，不让其位列其中无疑于羞辱，得罪其终会招其记恨，而此类人一朝上台台下必死伤无数。于是人人畏之表面附和之生怕有一天落其手死无完肤，却不曾想，此举让此类人畅通无阻大有市场了。

又有一男官，某日莅临会场，坐下才知台位排错。其实大家都是平级，只不过资格老点，自认为高人一等，排位从来也高人一位。这次弄错，自然不爽，但一般人或略有官场修为之人必笑笑而过，下来调侃“位置不重要，人在哪位在哪”，双方面上好看；再略大气的或即使再不爽但善虚套的会安慰主办方“没关系，都是公务员”，但此人却立即站起身拂袖而去，台下先瞠目而后哗然。不过从另一面讲，我们倒要为此人的直率击掌了——好过那些表面虚套心里忌恨之辈，发狠以后要找机会“捏死你”。某人就曾领教因未及时阿谀、坚持原则而被视为忤逆，导致领导失常态狂

器：“信不信我一句话就可捏死一段政治前途？！”所谓看不见领导位置就让你没位置。于是某人从此也就安于现状，闲云野鹤了。

重排位者必重虚名，从而必爱作秀。如今许多官员不做实事只做秀，每天如同戏子到处表演，争上电视的次数上报纸的次数甚至在新闻中名字被提及的次数也要点数计较。一有成绩立马通告天下，到处念叨，还汇报给上司求表扬，甚至以此作为其升位的筹码。即使这成绩得来与其全无关系，甚至在最初还备受其阻挠，此时也大言不惭全数揽入怀中。

为何一旦为官一夕临朝就忘记了最初“为民谋福祉”的宗旨？位置本是用来为民办事的服务的名号，如今却成了作秀的舞台蝇营狗苟的道具，甚至成了可以欺凌一方飞扬跋扈的理由。常有人说“官大一级压死人”“我位高你就得听我的，安排你怎样你就得怎样”，忘记了自己也不过一卒子，上司来了还是要点头哈腰。由此，形成“下级面前官样上司面前熊样”的畸形人格。官本位导致的是人格的丧失尊严的互踏。

如果某一天官员与下属以及百姓之间实现了人格与尊严平等，公权实现了民用先行，官威建立在为民办实事而非排位上，那官位方真正起到其本该有的作用，重拾自身社会尊严了。

“过时”与“时尚”

——再观《焦裕禄》有感

“群众满意的，党才会满意；如果群众不满意了，你认为党还会满意吗？”

“衡量一个干部关键是看他得不得到群众拥护，是不是为群众着想……”

“只说漂亮话不做实际工作的干部群众不欢迎……”

“这些人，绝大多数都是我们的阶级兄弟，是灾荒逼迫他们背井离乡的，这不怪他们，责任在我们身上。党把三十六万群众交给我们，我们没能领导他们战胜灾荒、过上安居乐业的生活，应该感到羞耻和痛心。”

“在这大雪拥门的时候，我们不能坐在办公室里烤火，应该到群众中间去。共产党员应该在群众最困难的时候，出现在群众面前，在群众需要帮助的时候，去关心群众、帮助群众。”

风雪中兰考的民众拥挤在火车站，背井离乡地去逃荒；许多干部离开兰考放弃努力，焦裕禄感到无助；一个大学生被焦裕禄独自追来的身影感动又留下来，焦裕禄悲喜交加的心酸……

再次被组织观看《焦裕禄》，我想许多人都再次被感动，最初“被组织”的被动被忘记了，至于有多少人会自检自省会惭愧，我不得而知，但，有不少人被再次感动，这就够了！

隔了这么多年再看《焦裕禄》，依然觉得

不过时。不过时的是片中焦裕禄所说的话所做的事——一次次阐释着共产党员本该有的品格与节操：以身作则、不占用公共资源、艰苦朴素、不搞特殊化、实事求是、注重调查研究、群众利益高于一切……我想，任何一个政党和他的万千党员，如果做到了这几点，没有不长治久安的！而如果忘记了这些，将站在人民的对立面，也没有不危险的！

如果有人哂笑“过时”，那么“过时”的原因是因为如今的许多共产党员身上已很难看到这些品质。让这种品质再次成为一种“时尚”，这应该是老百姓希望看到的；这也是我们的党拿出破釜沉舟的勇气进行大刀阔斧整治的目的所在吧！

习总书记领导的中央提出了“群众路

线”“八项规定”……无疑都是旨在倡导这些被遗忘的品格重返人间，再现在所有共产党员的身上，成为一种时尚。

曾几何时，随着改革开放带来物质丰富的同时，许多腐败堕落思想也随之滋长，居然有人倡导“笑贫不笑娼”，艰苦朴素成为笑炳，奢靡享乐成为时尚；道德沦丧成为时尚，追寻传统美德成为笑谈；为官的不为民，崇尚“一朝为官，鸡犬升天”，以权谋私；有权的卖官有势的欺民，动辄狂嚣“捏死一段政治前途”；为官的不为政，一旦为官，即远离群众，以文办事以会办事，颐指气使，一派官僚作风……如此种种，令群众心寒，令党担忧。党中央清醒地认识到这些问题，迅速提出“八项规定”、强力整顿“四风”。一开始，许多

人在观望在等待，等着这些整治又如一阵风一样过去。但时至今日，那些等待观望的人失望了，而老百姓渐渐露出了欣慰的笑容。

一年多来，尽管不断落马的高官背后暴露的腐败和堕落令人大跌眼镜，但我们党敢于直面问题的勇气也赢得了尊重。之后，我们明显看到来自餐桌的浪费少了，“三公”开支少了，政府部门办事效率提高了，“窗口”服务态度转变了，群众又开始重拾信心了……中国政府赢得了国际上更多的尊重，也赢得了群众更多的信任和支持。事实上，一个进步的社会本该是这样，一个健康的政府本该是这样子啊。

我们相信，不久的将来，那些在某些人看来已过时的焦裕禄时代精神，那些为政的理念、为民的信念，终将又成为一种时尚，因为这才是进步的理想信念。一个执政的党和她的万千党员唯有拥有进步的理念和健康的肌体，方有健康发展的基础和长治久安的前提。

人的文明才能实现真正的文明

对于香港随地扔垃圾罚款达1500元，对于在西欧国家处处洁净处处美景，大家总是津津乐道。对于我们生活的这个城市的脏乱差，大家又总是激愤不已。

其实，如果一个地方要以高额处罚来消除某种现象，一是说明这种现象的严重影响；再则说明这种现象还严重存在，随时会发生。我们身处的城市的脏乱差是否有我们自己的责任？大家在激愤的同时是否有自问？

要实现真正的文明，必须首先实现人的文明。这不是某个人的论调，这是一种自然规律。我们政府可以投资建成无数漂亮的公园气派的楼宇；我们国家可以努力发展经济不断提高人民的物质生活水平；我们可以出入有私家车，银行有大量存款……如此种种，只是硬件的提高，人的不文明，可以将漂亮的公园变成垃圾场，气派的楼宇变成“水帘洞”（楼上往下扔东西、淋水）；私家车在雨天经过污水四溅，也不管路人一边狼狈躲避……在这样一种物质高度文明的地方，我相信没有几个人会生活得真正快乐。

而快乐生活无疑是一种目标，是一个人的目标，是全社会的目标，也是一个国家不断发展所要达到的目标。让她的人民快乐生活！

但我相信一群不文明的人实现不了真正的物质文明，而不文明的人得不到真正的快乐。

我曾去周边一个非常富有的县城访友，这里可以说每户都有百万存款。但这里所有的街道都充斥着垃圾；所有的车辆都不遵守交通规则；所有的楼房各自为政，划地为营，没有统一的规划……问为什么这样，答的人说大家都忙着赚钱没空管，说这些街都是那些老板出钱建的，政府根本没钱也就不必出来说话了。一种暴发户的暴戾之气漫延。我感到的不是金钱带来的快感，而是一种危险的气息。我不喜欢这个非常有钱的地方。我相信这里的人也不喜欢这个地方，除了那些可以带来金钱的原因。所以，他们经常担心自己被抢劫；他们担心自己的孩子变坏，将自己的孩子全部送出去读书，当然，他们说，他们有钱，孩子从小学起全是去读贵族学校，一年花几十万来读小学或初中。但我祝愿，这些孩子出来能成为真正的贵族——有高贵品行和气质的贵族，而不是腐败生活的贵族。

我们也会经常看到走在路上的一些高档的车里不时扔出空的饮料瓶或用过的纸巾等垃圾，相信，这车里的人在人们心目中马上被减分，人们会表示看不起这种行为。相对一个走在路上扔垃圾的人，人们更瞧不起坐在高档车里的人，因为那些人的物质生活相当优越，本应有与之相配的精神行为。因为失望，因为反差，所以人们会更看不起。所以当我们的物质文明已上了一个层次时，必须让我们的精神文明跟上去，才不至于形成刺眼的反差。

有一天和孩子出门，在路上，他要从车里往外扔肯德基的包装纸，我制止说："不能乱

扔垃圾，这是不对的。会被罚款的。”他说：“大人们都这样扔，别的小孩子也扔，那为什么不罚款呢？”对一个五六岁的孩子，我只好说：“总之，这是不对的。”对于孩子，我们在言传身教，一代人的文明将传播几代人文明的种子。而真正人的文明才能让我们真正享受物质文明带来的快乐。

土豪与贵族的距离

8月中旬某日，坐高铁从SZ北上休假，为了有个好的长途环境，不顾心疼银子地买了一等票。车将开，呼啦啦上来一拨人，他们旁若无人大声呼朋引伴，一阵喧哗充斥原本安静的车厢。心想等安置好了就会停歇吧。然而车开远了却不见停歇，隔着半个车厢仍相互打着招呼聊着：

“王总，您是大老板”“哎呀，李总，你的公司快上市了。”

“刘哥，你打多少杆？”“胡哥，你多少洞？”

“那次，我赢了6洞。”“马哥这么厉害，那要请客。”

“喂，张总我们很快到ZZ了。您没空啊，我们到了带上您公子一起打球，吃住都包了。”

…………

流过的空气都听出来是一伙在SZ发了达的人结伴去ZZ打球玩儿。说你们来自全国文明城市的SZ，一向讲究文明礼仪的SZ人民可能都不开心了；而不巧我来自ZZ，心底也是一百个不情愿这群人过去污染我的家乡啊。连火车皮都听明白您是结队去打高尔夫球的了，还要显摆吗？这到底是显摆还是出丑呢？您这是刚踏入贵球圈吧，不见李嘉诚打球这样咋呼的？！

无视半车厢的人都在皱眉头忍着，男男女女一浪高过一浪，终于有人忍无可忍，此人被一声头顶的咋呼从困顿中惊醒顾不了和谐冲口怒怼：“请你们小声点，这里还有人要休息！”

有人或许羞了，降了半分音量。但有人依然“老子有钱就不怕”地聊着，又有人说话了：“请你们小声点好吧，这是公共空间！”

音量还是维持着。有老成持重者终于忍不住了：“看样子玩的东西挺高级，怎么素质这样低级？”

这样的话出来，本该羞愧地低下头噤了声，但，依然有两男女畅聊不止，继续招呼同伴。大概有愧，有些人不再加入。但仅这两人已足够嘈杂了。一路的清静是不可能了，幸好，这些人中途会下车，大家只好摇头“朽木不可雕也”不再说什么。相信那些同行者中始终不语或低声附和的也许心下羞愧后悔为伍吧。

总有些人，看起来人模人样但就是开不得口，一开口就露丑，所以聪明的还是沉默着留点念想好。

国人在公共场所旁若无人大声喧哗似乎已成了习惯，有人怪那个动乱的年代说“坏人变老了”，想撇清干系。事实上素质不关年纪，昨在办公室埋头奋笔赶活，走廊上三五年轻人站在门口大声吹嘘自己的得意之作，看不见里面低头工作的人，不知是想让人知道他们的团队多厉害还是咋的，但我又不认识你关我什么事啊？在景点等公共场所一群人大声唱歌甚至耍把戏，几个人扯着嗓门喊话，你真当这是你家院子吗？

出得国门，在博物馆艺术馆等公共场所，工作人员一看见中国人就将用中文书写的“请勿喧哗”的牌子伸到面前，我只觉得那是在打全中国人的脸。

咱国家是富强了，您也可能是发达了，不管是坑蒙拐骗还是勤劳苦做得来的，咱有钱先垫补垫补自己的修养和学识行不？您以为有钱就是上流社会？举止不当可就是社会下流哩。真正的上流社会从来不以钱论，而是以教养论。一掷千金而修养低劣者，是土豪，这事儿全天下都懂的，难不成您硬是打死也不明白？口袋一鼓起来脸就胀了不认识人了自个儿也不成人样了？

而贵族精神，则包含讲教养，重荣誉，勇敢而具有承担精神。上流社会未必都是贵族，而土豪离贵族则更是差了不知多少个N的距离了。

有说法“一夜可以暴富，但培养一个贵

族需要三代”。咱中华文明五千年，贵族精神从来不缺。从春秋时代起就有“讲规则，重风度”的贵族之风，两国交战如同西方的绅士决斗，双方选择一处平坦的利于双方作战的地方，然后约好时间，再一起千里迢迢赶到约好的地方打仗。作战中也有严格规定，挑下战车即赢。没有如今的阴谋诡略，更不必尸横遍野算厉害，倒讲究个“不战而屈人之兵”。都是血肉之躯，父母生养，妻盼子待，谁死不是伤害？“你死我活”除了极度的残忍，就是极度的自私自利。但后来战争就是这样了，而人性也就如此了。只管我的乐在其中，哪还顾他人苦不堪言？！人间之美好也就岌岌可危寥寥不可期待了。

传统意义上真正的贵族代表的不只特权，

而是责任。先秦有“执干戈以为社稷”，当兵打仗是贵族的权利，为国家牺牲是无上的光荣。说到这里，有人会想到《无问西东》里的那个为了民族解放浴血沙场的豪门少爷；有人会记起在抗战沙场上中国史上第一代战斗机飞行员，那样的一群官二代富二代，走进校园学习的是培养为国必死的决心，牺牲时平均年龄二十三岁。这才是真正的贵族和贵族精神。请问如今我们的官二代富二代有几人为国赴沙场？偶有当个兵却也只是个曲线救赎之途，非为国家社稷。

我又要说到其他国家了，不要扯什么文化差异民风民俗不同，给自己的无赖找借口，优秀的品质和高贵的修养参数是一样的。

西方传统有骑士精神、绅士风度，这也是

贵族精神。而我们却不时听到如今有年轻人占公共场所特殊位不让，甚至占了人家的位也不让，要让也等我吃完东西，你且等着。有不排队，挤抢成风的丑态。这无疑不绅士不骑士。有钱了包占公共设施，是更大的不绅士不骑士。

大家都爱说日本的国民素质，当然，我们能思“夷”之长直面自己的不足就是一份大气与进步的希望。不论是因为卧榻之侧的警惕性还是历史原因，且说这一衣带水、文脉相承的日韩两国，承接了大中华文化，同时承接了大中华文明，而我们丢了什么？

在日本，绝大多数城镇乡村都非常干净，而大阪街道卫生状况很差市容乱，评论是“一个最像中国的城市”。我们很多人听了会不舒服，那很高兴，说明你所处地方环境不错。日本不论城市街道还是乡村小镇没有一点垃圾甚至没有灰尘，你累了可以直接坐在地上；街上的垃圾桶肯定是干净的，这是对的，不能因为它是装垃圾的就有理由让它变成垃圾。

公共场所永远是安安静静的。即使在开往乡村的火车上，安静的空气加上窗外清新的植物，让你感觉行走在开往未来世界的恬静之旅；一车一列车员，每到一站来回上下车查看，没有人也到空旷的站台上说一句打个招呼，那情形有些寂寞却透着慎独的高贵；如果有幸外面下着雨，你最好走到安静的站台待待，雨雾里，乡野间清爽脱俗之气将令你终生难忘……乡村的阿婆无声地上车下车，时光似乎和她一样的有着岁月的悠长和宁静。

我们如雷贯耳那些穿越中华文明五千年

的声音，“一室之不治，何以天下家国为？”同理，一个地方国民素质都如此不堪，基础设施建设好了又有什么意义？金碧辉煌下，岂不更反衬依然不外乎土豪气质？“一屋之不扫何以扫天下？”，连一个地方环境卫生都处理不好，谈什么管理能力执政水平？！

今年是戊戌年，让我想到历史上那个著名的事件。好在，我们的国家自上而下振聋发聩遍问：“初心尚在否？！”

别人的国土我的家园

——我所认识的香港人

题记：在不同的国土里找到共同的精神家园，就是文明和进步以及文化认同相惜相生。而家国情怀就是我们共同的精神家园。

认识张林先生时，香港“占中”事件刚过，因为事件对公众利益和公共安全的破坏带给我的不愉快印象以及个人对中国历史以及国土的热爱，我当时心底是拒绝香港的，包括香港人。但因为平时赴港遇到的一些香港人特别是中年人都非常善良友好，又让我对自己这份抗拒有些内疚，毕竟都是同胞，血脉间的爱恨难离吧。

当时是一个香港朋友的活动，由于是朋友所以还是参加了，但却无心认识那些香港人，尽管参加活动的有很多很有来头的大咖，尽管朋友对我非常热情尊重。直至后来再次接触其中几位所产生的深刻感动，令我现在回想还对当时的“无心”心存内疚。

张林先生在其中，他很热情，递上名片我看到“大公报”几个字，心想，哦媒体人，热情是自然的，以为只是职业惯性。

但后来看到他对我们本地几个文友的热情推介，特别是将作品无一例外地在朋友圈推介，这份热情和爱护就非常难得了，在这个人人只是不停地诉说，没有人耐心倾听的时代，这样一份倾听和呵护就无比可贵了。

再后来看到张林先生的评论文章《大画家笔

下挣扎求存的小市民》，对画家韦蓉“角度·香港”画展反映香港市井生活状态作品的热情评论与推介，我想，内心没有生活和爱的人是无法体会作品中的生活旷味和世情练达的。

张林先生说到香港另一文学大咖张诗剑“1996年5月与诗剑兄等七位专栏作家组团访江西十三天，相识整整廿载。回港后，他拉我入文学会，抬我入作家联会，踢我入中华文化总会。是在下的恩师，亦是谊兄”，字里行间除了流露志同道合的情谊，其中动词令人忍俊不禁，将谊兄对其提携推动之举跃然纸上，其感恩之情也不言而喻，十分真诚而朴实，足见人品之赤诚纯粹。

张林先生是著名作家，香港作家联会永久会员；资深媒体人，时事评论员，任著名媒体

高级编辑逾二十载；现任香港文化传播协会会长、香港中华文化总会副理事长、香港书评家协会常务副会长、香港文学促进会副理事长、香港诗人联盟理事等职。可谓社会地位与学术成就等身，却依然谦逊而绅士。

在此，且不论其学术成就。

某天张林先生向我展示他收集的石头，这些来自世界各地的石头被标上了时间和地点，有些带有美丽的描述词汇，令人悬想不已……“雪踏沂蒙，2014.12.11”“圣诞节，海西，平坛岛沙滩”“恒河，2014.08”“古姆洛夫，2011.11.02”“匈牙利，2011.11.06”“德雷斯顿，2011.11.09”“维也纳，2011.11.03”“瑞士，2010琉森湖”“巴黎，蒙马力山，2010”“箱根，2006.08.12”……张林先生告诉我“‘老莫’脚下的石头来自多瑙河”，我便看到莫扎特雕像脚下那些光洁的小石头上泛起音乐的圣洁符号和多瑙河的波光哩，呵呵。那些藏品中还有来自柏林墙的墙砖，记录着战争与和平……而据说那2014年来自泰山的墨玉，是张林先生倾其所有旅费购得，返程时被海关查了一个多小时。他笑言自己“每去一地带回一块石头回家，捡的、买的、偷的，都有。去年从井冈山看到一块六七十斤重的蓝金石，掏空了兜里钱买回来，整个行李箱只能放一块石头，到家已拖爆了”。

这些石头本身以及它们如此丰富的背后内容，写出来定是吸引人的故事，我建议张林先生写出来，他笑言“旅行记忆，等于把人家的国土搬回家”，我还在“功利”地怂恿“书名就叫《别人的国土》”。张林先生依然淡淡

的，权当我调侃，只是说："下次去哪，记得捡多个小石子"，不知是说自己还是说我。只是看见他依然奔走在几地文化交流的忙碌中，为文化的交融与认同不遗余力。而这份对国土或者说土地深敛的情怀，令我不再好深究，唯有敬重。

但这话题唤起我内心一直好奇的港人国土情怀，我忍不住写下此文。

对于港人而言，国土，我想一定是非常心情复杂的概念吧？经济与沟通网络的迅速发展让年轻的一代或许没有多少国土概念的那种复杂心情，但我想那些远离故乡、经过国土流失、家国尽毁之痛的一代人以及深受那代人影响的后一代对于国土的情怀一定不是一般人可以理解的，所以不必遑论不要妄断，仅以尊重为上。

在别人的国土上找到自己的精神家园，没有国家界限没有种族分歧，有的只有对精神美好的追寻和爱。珍惜走过的每一个地方，对所有路过的风景和美好心存爱与感激，默默珍藏，这无疑是一份宽大的包容以及学习的大气，这也是文明与进步的前提。

再后来，我在全国爱国主义教育示范基地叶挺将军纪念园接待了一批香港老一代企业家，这些企业家经香港企业家陈鼎追先生介绍而来，陈鼎追先生非常热心将军故里的发展，不断投资实业，为家乡发展做出了很多努力和贡献，是我们非常敬重的朋友。

参观过程中，这些年事已高、经过战乱之苦和创业艰辛的实业家争着讲述他们的爱国情

怀，八十多岁的陈君实先生雪白着头发端坐在纪念园保安室简陋的木桌前写下了一段长长的留言：“今天参观了叶挺将军纪念园，里面的历史图片非常充实丰富，启人深省，尤其对青少年爱国教育最为重要。在我童年时代，革命先行者孙中山先生说过：中国一定要团结，一定要统一，中国人民才会有幸福。”他说“爱国是大家的事”，并呼吁同行的朋友一起关心，他说自己“深受抗战之苦，尽管从小没读过一天共产党的书，但比很多人都爱国”。

这份感动，一直留在我心里。

什么是家国情怀？什么是国土情结？“云横秦岭家何在？雪拥蓝关马不前”，其心境，多一字评论亦是过。

听箜篌清音，弹尘世乱调

我不写诗。我也一再强调我不是诗人。但圈外人似乎固执地认为舞点文弄点墨的都是诗人，又或者介绍某某为“诗人”比之其他头衔更为简单直接省事。

然而，事实上，写诗不简单，诗人更不简单。诗，短短几句要点石成金，让人记住以至流传更不容易；诗人，茫茫人海要耐得寂寞清高自持，不在乎是否化茧成蝶又谈何容易？如今的诗歌乱象，诗界喧嚣，加上本人悟性低、俗念重，所以轻易不敢碰诗，当然初入职场少不更事时为了某种宣传需要整的分行句子断然

算不得的。

但读点好诗文我是非常愿意的，当然这“好诗文”不是指中华五千年文明史上那些隽永流芳百千世不朽的唐诗宋词，这些的好已不能单以“好”论之。在此，单指如今的诗人们的诗文人们的文。

如今诗人太多，好诗却不常有。人人为文，文采却鲜有。那些用下半身写作的人对诗文的亵渎，令人对诗文对诗人望而却步，暗自为愧对我中华几千年华美诗文而汗颜；那些非“你侬我侬”不作诗的也难免令人难堪着急，你自以为再美的情与爱，也仅限于你自己的感受，其他人看客心态更多些吧；至于以性入诗的，你认为再本真但晒在太阳下也只有原始动物性而现出丑态了吧，所以如果不是内心不堪就应该是穷途末路江郎才尽了，唯有以此引人侧目吧。殊不知，有些东西还是让它神秘些方保持其长久的美感。而以作贱生养自己的土地为乐为出路的显得可就不只是丑了。

于此种种，内心生出对诗歌对诗人的疏离，却因为身边有个每天“挤”诗（她自己戏言）还要第一时间推给我看的闺蜜，让我在不知不觉中忍不住瞄上几眼，而就在这半推半就中，我被她执着恬静的写作以及那些灵动的诗句、奇谲的想法吸引过去了。于是关于诗——当然是好诗中意境之神秘性与语境之伸展令方寸间蕴含的力量和感动人的魅力，让我惊讶于诗歌语言的魔力，也是我重回诗歌欣赏的原因之一，也令我最终作此文道尘世烟云吐心中块垒。

闲谈诗与诗人前，先说个文化人。刘明

霞，栖居惠州西湖老巷，一个以文字、色彩、音乐与园艺为日常的女子。我想说的是她文字里的意象选择，遍写人间百态，更是专喜以惠州老城里的人文作为她的对象，让那些人与物鲜活起来，少有男女情情爱爱卿卿我我，即便有，也是另一种情另一份爱。正如她写惠州的木棉，是“天幕上的舞蹈”“我与木棉只是萍水相逢啊，而我却仿佛等了她很久”。于是，她用文字恣意汪洋地表达对这个城市的爱，毫无保留和掩饰，就如同寻到真爱的人恨不能路人皆知。

她“邻水而居”娓娓道来，让你将城市的柔润看进历史的温厚里，见与不见都一下子爱上这座城。水东街，惠州人念念不忘的一条老街，被她“用时尚解开水东街情结”，但笔下却是对历史和被遗忘的心疼，这种被遗忘总是“以一种寂寞的姿态，唤起内心温柔的情愫”“水东街被痛苦地分割开”“阳光碎在新建的东新桥上”“清晨的水东街像一幅没有文字的素描”，在这些文字下铺展开一条承载惠州城市历史繁华与衰落、改革与复兴的老街，其间的乡愁与心动，其间的荣华与夕辉，都是一代代人内心不舍的情怀。

她写西湖边为爱人拉琴的中年男女，生活琐碎下的温情；写老街阁楼上的少年，青春的时光古典的情怀；写“另类报人”的另类才情与人生；写“与方大黑萍水相逢”的情感，妙趣横生的人狗情缘。惠州，是她“亲爱的惠州”，那个老旧的“下角”在她笔下眼中都是万金不换的美好所在，老街菜市场的阿姨、卖

水果的女人、文艺小店的灯光甚至檐下的小猫都是充满生活旷味的美，而每到六七月间，美丽木棉开放，她就用毫不吝啬的文字不断写她上班途中那些“粉嘟嘟的花海”，用图片亮晕大家的眼，像个热恋的小女生，眼里不再有其他的美；她说“下角是惠州的一只裙角，飘逸在东江南岸的西子湖畔……西湖的五湖，下角占了菱湖、鳄湖外，还扯住了平湖一只角”“小街小巷是城市的皱褶”，这些生动的语言下是她对这一方水土真挚的爱与宠溺。

用了如此多的文字来表达她对这个城市的爱还不够，在每天风尘仆仆后她又开始用画笔画这些老街老巷老房子以及屋檐下的人。她如同用文字与色彩拉住一个个漠然的路人不断说“看，这里多么美多么好，你一定要爱上它爱惜它”，因为这种恨不能将自己所有情感倾注在那些事物上，硬是将它们唤起一种温情与美好、柔软与深情的生命感的执着与热情，让我对这个女子有一种由衷的敬佩与尊重。

再聊那个将写诗自我调侃为“挤诗”的人和她的诗。木子红，栖居惠州大亚湾畔，一个以诗为日常的美丽女诗人。

我以为多少了解了现代诗的走向和表达。但当我和她谈起她以湖水为题的一组诗时，她却说她写的不是那样的，不过很照顾我心情地说我的解读给了她另一种惊喜。

起意谈诗，因为她的《秋醉松雅湖》，本是一首同题诗，她写的或许是一次友人醉卧湖边的种种，而我却读出千百年文人为精神家园郁郁寡欢的穿越千年的情劫，“那个人还留在

湖边，俯下身子 / 长卧不醒”。是谁？不愿醒来。是汨罗江畔兰心蕙质、秋风木叶下的屈原？还是上海外滩多艺兼通才华盖世被视为中国知识分子里程碑的傅雷和她美丽的妻子朱馥梅？是未名湖畔的王国维？还是太平湖的老舍？是东京大森海湾抗议辱华的陈天华？还是乌斯河畔那个同为上帝宠儿和弃儿的伍尔夫？“未来太高，没有人此刻够得着 / 湖水刚好，一伸手就能感受沉浮”，一种刻骨的冷和放弃，不惮将生命换清高与梦想。走是走了，留给世界很多遗憾，对于世界或许是不负责任的，但于他自己不该承受之重“松雅湖，原谅一个人的宿醉吧”，宿醉不醒，对梦想对人格的执念是该被原谅的。看着他们离开，无法挽留唯有相信“他在叶子落下时，看见了雪花”，多么美好的安慰，当生命如叶子落下，他眼里看见纯净的雪花飘落，覆盖他眼眸合拢道别的整个世界，一个纯净世界在那合下的眼里如花朵绽放。

《净海的火焰照料人世》中写道：“在人间，无法看清天上的模样”，诗人奇诡的视角又展开了，在那个孤独行走的行者面前，赛里木湖是“大西洋最后一滴眼泪，跃入行者眼中／带着天鹅的倾斜”，天鹅在湖面游弋，美得非人间，“这人间的异乡，异乡中的异兽”，这美也迷失了却也激荡了行者，“他双手伸进暮色／从身体取出水／替自己洗尘／再从异兽的眼里取出火／照料这薄凉的人世”在这诗句里一点一点感受渗进来的凉意，“薄凉”一词成为一种可触及的凉感，如同将手伸进冬天的风里，阵阵刺骨，但行者的一举一动却有一种无畏的承担和孤独力量，

在这种孤独荒芜中有一种救赎的力量和新生的希望。读之，旷远，荒凉，锐利。令人想逃离却又忍不住站立回望。一种来自神秘之境的神秘魅力将你按伏在大地，安静倾听屏息感受共同分担。

《观文成水》有三首，从天顶湖到百丈漈到飞云湖，“穿过山风／现实的黑白，向西”诗人的步子在现实与虚境中反复穿行，神秘的气息时隐时现，在湖水前抵达，回到现实，但湖水的美一如前“这人间的异乡／就在脚下”为什么美的都成了人间的异类人间的异乡，令人客乡愁浓？美不可方物以致美成异乡。而“堤岸来到水边／水来到眼前”行走的是“堤岸”不是流动的水，是被动而来的“水”不是走过去的行者，理想国度的美亲昵地来到你面前仰望你靠近你，但你是否有承接的能力？对人世间的留恋对美的执念，不忍离去，于是一句“天色尚早”终于留下，于是“柔情”“何止百丈”最终化作湖心跳跃的“一尾银鱼”“就是不离开”，终究完成人文精神的历练。

木子红这几首以湖水为题的小诗，其中意象营造的神秘性氤氲着，令整个语境无限伸展，给人无尽想象，其中秘境般的想象给人超然人世的纯净体验，无疑是阅读净化之旅，令人宁静而高远，华美又馨香，具有强烈的带入力量，在这秋意悄袭的夜晚，如一杯淡茶，不释卷而释怀。

最后想说说另一位安静写诗的女诗人余榛。余榛，栖居惠州淡水河边，生活安安静静，写诗是其生活中一抹亮色。我们因为工作

的关系，很近；但也因为工作的关系，不近。就这么公事公办地各自忙着，但后来因为一首小诗，让我关注她的写作，在这也忍不住全诗录下：

螳螂

月光没有铺满山坡
但给我错觉
一个人站在黑暗之中
似已被空气吞食
世界无穷大
我无穷小
前面是黑灯瞎火的老房子
在祖父之前已住过

两代我没面世的先人

我从外乡回来

看见母亲从灶台上抓螳螂

喂了香油放回草地

嘴里叨念，先人已逝别再回来

从此我对螳螂

特别敬畏

不知是不是刚经历亲情变故，这首诗让我有一种别样的感动，但也不仅因为此吧，其间特别的意象令情感和画面向不同方向不断铺展不断拉伸和漫延，丰富到无法控制的情绪渲染，给你足够共鸣的情感回应。“我”与世界的隔离与漠视；我与母亲的亲近与疏离；掩饰在在世亲人木然表情下对已逝亲人的痛离，

因为母亲一个动作和呓语令克制下的情绪崩盘……看不见“我”的眼泪，但却自始至终让人感受伤心。所以，物我情感表达可以因浓烈而生动而生机勃勃，而个体情感的表达则是克制隐忍比肆意宣泻更动人更悠长。

我想，如今文艺界乱象丛生，商品化泛滥，文人人格扭曲，丑态百出；甚至充满戾气，以致我边写此文边考虑要不要加上一句“嗑瓜子胡侃，请勿对号入座”？不过一自我对号岂不就不打自招？所以与其一说就跳不打自招还不如自我反省低头整理仪态吧。但，中国文人是何时丢了那些包容大气斯文自持低头做文章的优雅呢？

当面相互夸张地虚情吹捧“山呼万岁”又暗地里往死里着实践踏；为着利益一时蜂拥而至相

互掩饰弄虚作假，一时一哄而散各垒阵营揭短对骂；有的“绑架”他人为自己蝇营狗苟还要冠冕堂皇道貌岸然，大言不惭自戴光环“德艺双馨”唯我独尊却又尊严尽失……各种盛名之下不见盛世名作传世精品，实在令人扼腕汗颜。所以，看见低头写作的人，不参与各种地盘争夺为获奖出风头相互倾轧，总是令人心生敬畏和尊重。你我皆凡胎如没有能力写出鸿篇巨献，成就伟业，那与其熙熙攘攘叽叽喳喳，还不如安安静静写点好诗好文，尚愉悦了心灵甚而美化了人间。而，文人如此非文人亦如此！

当年在沦陷的上海，傅雷为了不向侵略者行礼“闭门不出，东不至黄浦江，北不至白渡桥”，著作等身且视人格如生命。在人生的最后因不堪受辱，为了知识分子的尊严，和夫人双双

自缢离开，离开前将被破坏的屋子收拾好，要送给保姆的礼物准备好，为自己办理后事的钱准备好“人生的战场与废墟，临行前，他们都要打扫好，方才离开”，安安静静却震撼着后世。这才是真正的文人清高，人的清高！

附录（人物简介）

刘明霞，国家二级作家。中国散文学会会员，广东省作家协会会员、民间文艺家协会会员，惠州市作家协会副主席，惠州中国画学会理事。《东江文学》执行主编，《鹅城》杂志专栏作家。出版作品集《新娘》《飞舞的高跟鞋》《邻水而居》《乌禽嶂下的中国好人》等。作品散见于《青年文学家》《作品》《南方日报》《羊城晚报》等，有作品入选《散文选刊》和高考语文测试题。获广东省文艺创作“五个一”工程奖等五十余奖项。

木子红（李洪），中国诗歌学会会员，广东省作家协会会员，曾为《南方都市报》专栏作家。出版作品集《最后底线》《万叶千声》《事隔多年》等。文学主张“在诗歌散文和小说中跳一曲每节三拍的圆舞”。

余榛（余玉良），广东省作家协会会员。诗作散见于《诗选刊》《中国诗歌》《星星》《飞天》《芒种》《延河》《绿风》等刊物。曾获首届“凤凰山杯”全国山水诗大奖赛一等奖，首届“仙女湖杯”全国爱情诗大奖赛二等奖，第三届观音山杯“美丽广东”诗歌大赛二等奖，“中国梦”主题征文一等奖等奖项。

后　记

大概是二十世纪九十年代末，在一次去贵州的旅行中，我被那些蜡染工艺所迷惑，写下《冰纹》。“冰纹是蜡染制品上蜡干裂后、染料浸过自然形成的蛛丝般纹路。蜡染是布依族一种古老流传的手工艺，有力、单纯、质朴、粗犷”“蜡染的精美在有些人看来，是蜡封的时候，没经过加热脱蜡时，有一种蜡质的光泽，有玉的润泽，一下子高贵了许多，等到脱下蜡衣，便真正回到了最质朴的样子。这种质朴在有些人眼里，那是老土，在有些人眼里那是纯净。但质朴在有些人看来就是老土，并不是可以赏识的品质。脱蜡后，那些走动而变化的冰纹就是她最初触碰不得的记忆，从华美走向朴实的印记。”从此，我一直有个心结，要出本纯粹的散文集，取名《冰纹》，还原散文本身的意义和自己写散文的初衷，如同“冰纹”。

后来，渡边淳一的一部长篇小说以中文出版时被译作《冰纹》，出版时间是2014年。作为小作者，在此次出版时，除了将作品进行调整，同时，将书名改为《穿过岁月的葫芦》，在此，我想将文中章节摘取聊以述志。

“葫芦在我眼里一直有一种神秘的色彩，因为它两千多年的历史吧，《诗经》里已频频出现它的身影……而关于葫芦的传说更是贯穿了整个中华文化史……”

“葫芦，由两个圆构成，充盈着和谐美满

的光泽……吉祥的葫芦满足了人类对美好生活的向往，给人间梦想寄寓吉祥的希望，传递几千年的瑞音……”

“现代人也会把葫芦挂在家里或汽车后视镜或机车龙头上，寄托平安祈祷，纳气招福禄；又或者仅仅因为它的仙风道骨哩，‘八仙过海’里面那个总是骑着葫芦漂洋过海的神仙，他的葫芦无疑比别人的工具实用多了，酒瘾来时那里装的是酒，在沙漠里时那里面装的是水，饥饿时那里倒出的可是香喷喷的饭……当然，兰采荷的花四季香艳着，令八仙的旅途不至于太乏味，铁拐李倒骑的毛驴‘得得’的蹄声无疑是旅途无字的歌；济公的葫芦里装的却是对现实丑恶嬉笑怒骂的骇俗之杖。”

“母亲年轻时在乡间也种过葫芦吧？但我

不太记得了，应该是有的，还记得母亲的葫芦都是老得不能再老了时，皮也没了，中间的丝瓤又韧又柔软，晒干，便成为最好不过的洗碗草了。洗过的碗便有一丝葫芦里的夏天气息，干爽而清澈，山涧小溪边花草一样的味道。”

“今年春节我回到家乡，我美丽可爱的外甥女在荆州古城下，用葫芦丝吹奏《月光下的凤尾竹》，街上的行人不禁驻足聆听。被专家称为‘中国南方古城的唯一完璧’的荆州古城墙，历两千多年岁月，条石青砖、重檐城楼，随着悠扬的葫芦丝乐声，千年沧桑在时空轮回，城外杨柳依依，桃红如灼……这柔情的葫芦丝，不知当年戍城的兵士隔了这千年的风霜是否能够听得到呢？”

“今年夏天，我们一行人去探寻叶挺将

军足迹……在酷暑天气中几经波折才找到了那个在山坳里的老房子，半山腰间，这房子在清静中有一些世外的高远，山风很清凉，天井里有尘世的欢乐向往，我们坐在天井边的石条上，安静地倾听当年将军的脚步声……走到后院，见满院瓜菜，如今看守房子的妇人用葫芦做的瓢舀井水给我们喝，手里是葫芦的熨帖的质感，那井水便给人一种放心的依恋，或许当年，将军就是这样喝水的吧……”

此时，很多人不在了，有的从我们身边经过，留下无比的想念和遗憾；有的在时空里消逝，没有被惦记的痕迹……总之，在与不在都是一个字，而有些东西却一直存在。出版此书，就为了一些值得一直记取的东西和情怀。以为记。